JE NEEMT GEWOON EEN AANLOOPJE

Van Marjan van den Berg verscheen eerder:

Ze is de vioolmuziek vergeten
Van den Berg stort in!!

Sanne
Uit het leven van Sanne
Dag Sanne
Sanne, Sanne
Alleen Sanne
Gewoon Sanne
Gelukkig Sanne
Zo Sanne
Echt Sanne
Die Sanne

Marjan van den Berg

Je neemt gewoon een aanloopje

the house of books

Omslagontwerp: Nanja Toebak
Omslagfoto: © iStockphoto / nolimitpictures
Inzet (de ganzen): © iStockphoto / Andrew Howe
Auteursfoto: Bart Homburg
Opmaak binnenwerk: ZetSpiegel, Best

ISBN 978 90 443 3143 1
D/2011/8899/78
NUR 325

www.thehouseofbooks.com
www.marjanvandenberg.nl

Voor oma Greet
en al die andere oma's

Op de dag dat mijn kleinkind geboren dreigt te worden, sta ik om tien uur 's ochtends voor het jenevermuseum in Hasselt, België. Leerlingen leven met me mee. Rot hè, mevrouw, nu wilt u zeker liever meteen naar huis. Nou, reken maar. Ik voel me geen juf. Ik ben met lijf en geest verbonden met mijn kind dat een bevalling voor de boeg heeft. Dus ik neem na afloop van de rondleiding een stevige borrel en tik ook die van een collega achterover, die zegt niet van jenever te houden. Uitstekend product, die Hasselaar. De bus in, mensen. Klaar met die werkweek. Naar huis!

Het kleinkind laat 36 uur op zich wachten. Aanstaand mede-oma Greet en ik dolen door het ziekenhuis, deppen voorhoofd van aanstaande moeder én dat van vader en roken samen in de binnentuin een sigaret. De boreling heeft nu al een slechte invloed op me. Zuipen, roken, what's next?

Mijn kind heeft een ruggenprik en een weeënopwekkend middel gekregen. Alleen dat laatste werkt. Dus ik mag mee naar de IC voor een nieuwe prik. Ik doe echt mijn best, knikt die man met dat witte mutsje. Sorry dat de eerste ernaast zat. Ik wil hem graag geloven. Mijn kind gelooft nergens meer in. Die puft alleen nog maar. En ik denk: Zouden ze hier jonge jenever hebben?

Uren later is mijn meisje opgezwollen als een Michelinmannetje. Haar bloeddruk is hoog. Mijn nagels zijn aan gort. Dan komt er eindelijk een verloskundige die de felbegeerde tien centimeter constateert. Ik lach die kleine toe, hoop dat het geen grimas is en gebruik haar koosnaam van vroeger en van nu ook nog wel, af en toe: 'Nu gaat het vlot, Joep. We spreken misschien geen vloeiend Frans, maar baren, dat kunnen we.' Kordaat statement. Zo moeder, zo dochter, nietwaar?

Er arriveert meer familie. En er gebeurt niets. De Pakistaanse man met wie we in de wachtruimte lief en leed delen, zit zijn ouders te bellen. Die moeten een naam geven aan zijn pasgeboren dochter. Als die het niet weten, mag zijn broer het zeggen. Ze hebben samen een taxibedrijf. Hij rijdt. Broer doet thuis administratie en telefoon. 'Mijn kinderen zien hem de hele dag. Dus noemen ze hem vaak papa,' legt hij uit. Daar zijn we even stil van. Hij ook. Maar om een andere reden. 'Naam. Moeilijk,' zucht hij. 'Greet. Dat is ook een prima naam. Of Marjan,' stel ik voor. Hij verontschuldigt zich en vertrekt.

Wij wachten. Inmiddels trekt een arts Seth Rutger

zeer tegen zijn zin de wereld in. Daarna rent hij langs met een bebloed schort. Als hij mij aankijkt, zegt hij 'sorry' en hij trekt zijn jasje dicht. De verloskundige die de hechtingen verzorgt, bemerkt gelukkig bijtijds dat ze de darm heeft meegenomen, haalt het broddelwerkje uit en doet de boel opnieuw. Oude jenever is ook prima, denk ik. Zelfs citroenjenever. Maar dan wel in een groot glas. Zonder ijs.

Seth Rutger gaat aan een infuus en dochter krijgt krukken van de fysiotherapeut. De derde dag mogen ze naar huis. Schoonzoon belt in het ziekenhuis voor kraamhulp. 'Belt u maar als u thuis bent.' Dat doet ie. Zegt de zorginstelling: 'U had voor half drie moeten bellen. Nu kunnen we voor morgen niets regelen.' We doen er drie kwartier over om mijn kind naar boven te takelen. Visoenen van graanjenever, ambachtelijk gestookt, dubbelgebeid en vooral sterk.

In de wieg ligt een larfje. Het moet gevoed en verschoond. Dan groeit het. Mijn moederschap staat vast. Mijn omaschap heeft een borrel nodig.

Jonge moeders moeten snel weer aan het werk. Nou ja, mijn Joep mag iets langer thuis blijven. Ze kan nog niet lopen door een akelige liesblessure. En geen arts die daar iets voor weet. De fysiotherapeut krabt ook al minutenlang aan zijn kruintje.

De kersverse vader zeulde uiteindelijk zijn kreupele vrouw, pasgeboren kind en tas vol spullen naar de auto en deed daar zo onbetamelijk lang over dat zijn uitrijdkaartje verlopen was. Dus blokkeerde hij bij de slagboom iedereen die als een haas die onheilsplek wilde verlaten. Dat namen ze hem niet in dank af. En dat lieten ze horen ook. Toet! Als er nu ooit een moment in je leven komt, dat je een middelvinger zou willen opsteken, is dit er toch een van.

'En dan heb ik ook nog ontstoken borsten,' huilt ze in mijn armen, als ik haar ondersteun bij het douchen.

'Kind, dan ga je toch lekker aan de fles,' zeg ik meteen.

'Vind je dat niet erg?' snikt ze.

Ik snap die malle vraag. De hele wereld vindt dat namelijk wel erg. Er is een borstvoedinglobby die er niet om liegt. Als je even piept, komt er een lactosedeskundige in je tepels knijpen. Maar als je eenmaal het besluit hebt genomen om je kind de fles te geven, wapperen ze in de richting van de uitgang en roepen je na: 'De handleiding staat op het blik. Doei!'

Ik zeg tegen mijn gehavende kind: 'Nee. Dat vind ik niet erg. Dat mag niemand erg vinden. Ik vind het erg als jij hieraan onderdoor gaat. Want het is veel belangrijker dat je een leuke moeder wordt voor Seth dan die paar antistoffen die je nu nog aan hem kan meegeven.'

'Ja hè?' fluistert ze opgelucht. En ze bedaart. Eindelijk. Als ze nu maar eens een nachtje door kan slapen. Zal je zien hoe ze daarvan opknapt. Want van kraamhulp rust je niet erg uit. Die komt maar drie dagen. Ze trekken de ziekenhuisopname eraf. En dan ook nog drie uur per dag. Er is een enorm tekort, dus sorry.

Maakt het wat uit dat de prille mama niet kan lopen en dat de prille papa weer naar zijn werk moet?

Nee.

Dat maakt niks uit.

En een liesblessure wordt alleen adequaat behandeld als je profvoetballer bent.

Als je dat oploopt na een bevalling, moet je zelf op zoek. Om na maanden tot je stomme verbazing een fysiotherapeut te vinden die een specialisatie heeft in bevallingsblessures.

'Ukunt nog een gesprek aanvragen met de gynaecoloog,' zegt de assistente. Want er is zoveel misgegaan voor, tijdens en na de bevalling.

Misschien brengt het wat rust in dat koppie, denk ik. Maar mijn Joep schudt haar hoofd. 'Dat gesprek duurt tien minuten. En ik weet nu al dat ik dan tien minuten zit te janken,' zegt ze.

In mijn armen ligt Seth. Hij is een beetje vellerig. Hij knijpt zijn ogen dicht, alsof ie niks benieuwd is naar ons. Hij trekt een boos gezicht. Hij ligt gewikkeld in een door mij persoonlijk gehaakt babydekentje. Het bestaat uit allemaal vierkantjes en heeft zo'n jaren zestig patroon. In een heuse breiwinkel aan de Bos en Lommerweg in Amsterdam haal ik katoen en patroon.

'Dat is dan tachtig euro,' zegt de deskundige verkoopster met een ferme klap op haar kassa.

'Allemachtig. Dat is nogal wat,' mompel ik verpletterd.

Maar het wordt wel een uniek dekentje. Bovendien hebben Angelina Jolie en Brad Pitt hun kinderen ook in zo'n gehaakt dekentje in de buggy zitten, dus misschien valt het wel in de smaak. En ik voel als aankomend grootmoeder toch ernstige aandrang iets zelf te haken of te breien.

Zevenhonderd haakuren later ligt Seth in het dekentje dat, als je al die uren meerekent, een onbetaalbaar kleinood is, en weigert naar me te kijken.

'Ik heb voor jou uren zitten haken,' fluister ik hem toe. 'Lossen en vasten en stokjes. En daarna moest ik al die blokjes met de hand aan elkaar vasthaken.' Hij probeert zijn rechteroog open te krijgen. Maar zijn wimpers lijken vastgekleefd.

'Jij bent een kind van mijn kind. Dat is heel bijzonder. Weet je dat wel?' vraag ik.

Hij tuurt nu door een spleetje.

'Je mag spugen op het dekentje. Dat kan gewoon in de was. Dat mag ook wel. Voor tachtig euro,' vertel ik hem.

Hij geeft zijn pogingen op, sluit zijn ogen en

slaapt. En ik denk even wat ik altijd denk bij een baby: 'Eigenlijk niks aan.'

'Ukunt duizenden euro's verdienen als u op uw kleinkinderen past!' Ik lees het op internet en ik veer meteen op. Ik heb er één! En duizenden euro's, da's niet mis. Ik bekijk de kleine Seth ineens met andere ogen. Beetje te vergelijken met de blik van cruella DeVille toen ze al die leuke kleine dalmatiërs zag waar je prachtige bontjassen van kunt maken.

'Ik ga op jou passen, jongen,' knik ik hem toe. Seth kraait en spartelt met zijn linkerbeen. Hij heeft al jong een tic. Ik vermoed dat hij een geboren drummer is. Dan doet hij later met links de pedaal van die grote trommel. Geen idee hoe die heet. Maar dat zal Seth me ongetwijfeld over een jaar of zestien uitleggen. 'Kijk oma, dit is de band, dat is mijn drumstel en wil je ook een joint? Niet? Jij bent toch van de sixties?' Ik dwaal af. Het wurm is nog maar zeven maanden oud. Maar wel duizenden euro's waard, volgens advertenties op mijn computer. En ik tikte 'kinderopvang' alleen maar in omdat ik nieuwsgierig ben naar de ontwikkelingen op gebied van de Wet Kinderopvang. Sinds 2005 regelt die wet dat ouders, werkgevers én overheid samen de kinderopvang betalen. De ene helft van Nederland richt vervolgens een gastouderbureau op en de andere helft van Nederland brengt daar zijn kinderen naar toe. Minister Bos neemt in 2008 het tekort van een kleine 500 miljoen voor zijn rekening, want er is te weinig begroot, en hij kondigt meteen aan dat de vergoedingen omlaag zullen gaan. Hij verwacht wel dat alle vrouwen die door de gunstige regeling aan het werk gingen, gewoon aan het werk blijven.

'Jouw mama wil lekker een dagje minder, hè wurm,' zeg ik. Ik neem mijn oppastaak serieus. Ik zit wel aan de computer, maar hou onderwijl een goed gesprek met kleinzoon. Die vindt alles best. Hij heeft een stuk Liga om op te sabbelen.

Hoe pak ik die duizenden euro's mee? Ik moet me inschrijven bij een officieel gastouderbureau. Die regelen alles voor me. Ook als ik bijvoorbeeld een gescheiden ouder ben die subsidie wil voor de tijd die ik met mijn eigen kinderen doorbreng. 'Als uw ex-partner dat ook doet, bent u heel voordelig uit,' adverteert iemand. Het kost me inschrijfgeld, maar daarna wachten die duizenden euro's. Het vlees is zwak. We lezen door. Ik moet een Verklaring Omtrent Gedrag aanvragen en er komt een gastouderconsulent langs voor een Risico Inventarisatie en Evaluatie. Juist. Dat zeg ik maar meteen hardop. Seth vindt dat een reuze mop. Bovendien kun je met zulke woorden je gezichtsspieren trainen. Dat bespaart me een botoxbehandeling.

Er rolt heel wat informatie over mijn scherm. Ik

mag maximaal € 6,10 per uur vragen en de subsidie die ik krijg, kan ik delen met mijn dochter of helemaal terugschenken. Dat is een leuk idee. Legaal plukken van de overheid. Wie wil dat niet! Als je een paar minuten op internet rondkijkt, snap je meteen waardoor dat enorme tekort is ontstaan. Je begrijpt ook dadelijk dat die bureautjes grondig moeten worden doorgelicht. Maar dat gebeurt niet. Welnee. Toenmalig staatssecretaris Sharon Dijksma besluit de oppasoma's en –opa's aan te pakken. Er kwam een nieuw systeem, waarbij je alleen subsidie kreeg als je opvang gaf aan 5 of meer kleinkinderen.

'Wachten we eerst maar eens tot je een paar broertjes en zusjes heb,' zeg ik tegen Seth. 'Pakken we daarna die duizenden euro's wel.' Hij giert. Wat een publiek is die jongen. Ik voel me net Najib Amhali.

Maar alle maatregelen helpen niet tegen fraude. In 2008 wordt de eerste miljoenenfraude ontdekt. En in 2011 betrappen ze de zoveelste groep mensen die rijk wordt van kinderopvang zonder een luier te verschonen: er is alweer een paar miljoen in particuliere zakken verdwenen. De enigen die niet rijk worden van kinderopvang, lijken de jonge ouders te zijn, zwoegend voor een torenhoge hypotheek van een veel te duur nieuwbouwhuis of een huur van 900 euro in de maand.

Oude liedjes komen terug. Ik zing weer wat ik voor mijn drie meiden zong:

Deinedeine doeriedeine
Ach de zon wil niet meer schijnen
Deinedeinedoederiedoe
Doe dan je oogjes toe

Deinedeine doederiedoe
Seth die gaat slapen, Seth die is moe
Deinedeine doeriedoe
Doe dan je oogjes toe

Tekst en muziek van Marjan van den Berg. Ha! Geen kind blijft daar wakker bij.

En je kunt er iedere naam op invullen. Bij een éénlettergrepige naam voeg je het betrekkelijk voornaamwoord 'die' toe, bij een naam van twee lettergrepen loopt ie perfect en bij drie lettergrepen prop je alles maar op zijn plek. Succes verzekerd. En slaap ook.

Voor de variatie zing ik:

Slaap als een reus
slaap als een roos
slaap als een reus van een roos
reuzeke rozeke

zoetekoeksdozeke
doe de deur dicht van de doos
Ik slaap

Tekst: Paul van Ostaijen. Titel: Berceuse nr. 2. Muziek van mij. Als deinedeine niet werkt, krijgt een baby van deze berceuse de nekslag. Natuurlijk heb ik ook 'Slaap kindje slaap' getest. Maar op wonderlijke wijze veroorzaken schapen opwinding. En dat wil je niet hebben. Je wilt tijd voor jezelf. Hèhè.

'Als ie eerst maar de nacht doorkomt. Dan kom ik wat meer aan mijn rust toe,' verzucht dochter.

'Dan komt er wel weer een andere uitdaging voor in de plaats,' voorspel ik. Ik heb net naar Lynette Scavo zitten kijken. Die van *Desperate Housewives*. Ze zit in de wachtkamer van de gynaecoloog, onverhoopt zwanger van een nakomertjestweeling. Een jong aanstaand moedertje glundert dat ze weet dat het zwaar is, maar haar Johnny is anders dan al die andere mannen. Lynette kijkt haar aan en vraagt: 'Heeft ie borsten? Nee? Dan ben jij het enige café in de buurt, schat. Die baby kan een vuvuzela nadoen en nog wordt jouw Johnny niet wakker. Zie je dit? (Ze houdt een glossy op; een jonge vrouw in bikini op de cover) Jij gaat nooit meer in bikini. Zie ik er goed uit na vier kinderen? Jij hebt me nooit bloot gezien. Mijn buik lijkt op zo'n grof gestuukt muurtje in een Italiaans restaurant en mijn borsten zijn net twee ballonnetjes, die je een week na het feest achter de bank terugvindt. De geboorte van je kind het mooiste moment van je leven? Alle vrouwen liegen. Mijn moeder loog, haar moeder loog en jouw moeder liegt ook. Elke generatie geeft die leugens door, alleen maar omdat ze kleinkinderen willen hebben!'

Als het aanstaande moedertje door deze preek instort en smeekt of ze haar mond wil houden, maakt Lynette het af: 'De rest van je leven zal je je vaak eenzaam voelen. Maar je bent nooit een keer alleen!!'

De jonge aanstaande vader komt opdraven met een bekertje water en kijkt verbaasd naar zijn vrouw, helemaal in tranen. Lynette kijkt hem aan en zegt achteloos: 'Hormonen. Wen er maar aan.'

Ik heb er zo om gelachen! Om de waarheid kun je maar beter lachen. Al is ie om te huilen.

Kleinzoon Seth kijkt me vrijwel de hele autorit argwanend aan. Hij heeft duidelijk een hard hoofd in het welslagen van dit vervoer van kinderopvang naar huis na mijn wanprestatie met het dichtklikken van de riempjes van zijn Maxi-Cosi. Dat is een tangrampuzzel die ik niet meteen doorgrondde. Toen ik hem had opgelost, stond de volgende uitdaging te wachten: hoe bevestig je zo'n stoeltje in een autogordel? Daar heeft de fabrikant een handig klein stickertje voor ontworpen. En waar is verdorie mijn leesbril? Kleinkinderen vinden oma's vast lief. Maar oma's die lang over je heen hangen zijn minder aangenaam. Na tien minuten krijste Seth alle engelen uit de hemel vandaan en pas nadat we een flink eind onderweg waren, stopte hij met brullen. Nu kijkt hij vol achterdocht naar me. Ik spreek hem toe. Zo lief als ik kan. Na een paar minuten begint hij bij elk stoplicht plichtmatig naar me te grijnzen. Misschien snapt hij dat het beter is te lachen naar iemand aan wie je, zij het wellicht tijdelijk, zo totaal bent overgeleverd voor toevoer van melkflessen en schone luiers. Of misschien reageert Seth gewoon op taal.

Ik las laatst een artikel over taalontwikkeling bij allochtone kinderen. Die lopen vaak een taalachterstand op, vanwege het malle feit dat sommige jonge allochtone moeders niet tegen hun baby praten. Met reden zelfs. Een geïnterviewd jong moedertje dat in alle stilte haar baby aanbood ter zuigelingencontrole, zei verbaasd: 'Een baby kan toch nog niet praten!' Het was nooit in haar opgekomen dat een baby eerder gevoel voor taal ontwikkelt, als mensen in hun omgeving tegen hem of haar praten. De schrijver van het artikel hoopte dat zuigelingenbureaus hier aandacht aan wilden schenken. Goed idee. Daar help je een hoop ellende mee uit de weg. Want taalachterstand kan tot nare misverstanden leiden.

Ik herinner me nog goed die twee Marokkaanse jochies vooraan in mijn klas. De ene schrijft met het puntje van zijn tong tussen zijn tanden. Hij werkt hard. Het gaat lekker. Hij ziet er tevreden uit. De andere naast hem is onzeker. Zijn ogen flitsen rond. Naar mij, de onbekende invaljuf die toezicht houdt, naar het papier vol wiskundeopgaven voor het inhaalproefwerk, naar zijn klasgenoten die zonder opkijken aan het werk zijn en naar zijn buurman die blijkbaar ook de slag te pakken heeft. Maar hij zit vol vragen. Dus hij bestookt zijn buurman. 'Hoe moet dat dan? Waar staat dat dan? Welke bladzijde ben jij, man? Wat bedoelt ie daarmee? Staat daar een voorbeeld? Hoe zit...?' Buurman helpt hem een paar keer op weg, maar het helpt niet. Hij blijft een vat vol twijfel. Dan is zijn buurman het helemaal zat. Hij gaat rechtop zitten en zegt luid en duidelijk: 'Jongen, hou op! Vraag die vrouw!'

Hij wijst op mij. Klasgenoten kijken op. Een beetje geschrokken, ietwat giechelig. Die vrouw. Het klinkt akelig. Onbeleefd. Denigrerend zelfs. Maar die jongen bedoelt er niets lelijks mee. En formeel is het volkomen correct. Ik ben een vrouw én ik ben daar in dat lokaal aanwezig om te helpen.

Om zo'n achterstand in taalontwikkeling bij te schaven is heel wat deskundigheid nodig. En het is heel moeilijk om een kind de nuances uit te leggen. Ik doe nog wel een poging, maar het arme joch stort al snel in. Wanhopig: 'Maar wat dan wel? Vraag die mevrouw? Die juffrouw? De? De juffrouw? Kan dat wel? Ik snap er niks van!'

Voor de taalontwikkeling van Seth declameer ik:

'Ik ben geboren uit zonnegloren...' Dan lacht de slimmerd hardop.

Ik heb een kleinkind. Ik ben oma. Het heeft een dubbel effect op me. Ik voel overal artrose en begin te flirten. Zou die man niet denken dat ik de moeder ben van dit hoopje mens in de wagen?

Nee schat. Dat denkt ie niet. Hij kijkt niet eens.

Een oma heeft grijze krulletjes en een bloemetjes-jurk met een riempje op de plaats waar ooit haar taille zat. Mijn taille. Waar is verdorie mijn taille gebleven? En die krulletjes heb ik ook. Ik verf ze.

Af en toe een uurtje Seth Rutger. Geen punt voor deze oma. Als hij moppert, wil hij eten, slapen of vermaak. Ik heb een fles, een bedje van Markt-plaats (15 euro, inclusief matrasje, lakentjes en een Maxi-Cosi) en het hele repertoire van De Leidse Sleuteltjes in huis. Kom maar op met dat kind.

Maar vandaag komt hij de hele dag. Dit is niet zomaar een uurtje. Dit is het echte werk. Inclusief alle overige benodigdheden voor baby's. Dus er komt een handig opvouwbare box en een wipstoel-tje van Marktplaats (box voor 20 euro, met twee goed wasbare boxkleden, stoeltje voor een tientje), een pak luiers, schoonmaakdoekjes en speelgoed.

Het echte werk arriveert met gebruiksaanwijzing. Handgeschreven door dochter. Zes pagina's lang. Op pagina 2 schrijft ze: 'Tot slot: heel veel plezier en geen zorgen.' Vervolgens gaat ze nog vier pagina's door met noodtips. Die ik liever niet moet toepassen. En andere weer wel. 'Je kunt hem een fles geven, als hij te moe is om zijn groentehap te eten, maar liever niet.' 'Als hij last krijgt van zijn tandjes, de autosleutels liever eerst even in de koelkast.' De gebruiksaanwijzing bereikt hier het niveau van een drie sterren cryptogram. Seth heeft ook nog een luiertas vol geheimzinnige zeer noodzakelijke spullen. Dat zal ik allemaal nog moeten bestuderen. Het duizelt me nu al. Eerst papa maar eens uitzwaaien. Ik hijs hem uit zijn stoeltje en samen kijken we zijn vader na.

'Misschien komt hij je wel weer ophalen. Ja, je moet de moed erin houden. Nietwaar?' Seth pakt mijn oorbel stevig vast. 'Misschien niet. Rijdt ie door. Naar Parijs. Wie zal het zeggen?' Nu geeft hij een stevige ruk aan de bel. 'Je hebt gelijk. We gaan je schema bekijken. Ha! Om negen stip dertig uur krijg je een fruithap.' Ik parkeer Seth in de box en prak Liga, banaan, perzik en sinaasappelsap. Onderwijl stijgt er gekrijs op. Zijn been zit klem tussen de spijlen. Ik verlos het arme kind, zet hem in de wipper en bind zijn slab om. We liggen op schema. Hap! Seth de bovenkant van de lepel. Ik de onderkant. Na zeven happen houdt hij het voor gezien. Hij wrijft een stuk banaan in zijn ooghoek, boetseert wat Liga rond zijn neus en brult. Ik poets het fruit met een natte keukendoek weg en kijk in de handleiding. Slapen. Dat klopt. Maar daar zag ik op pagina vijf ook een aantekening over. En jawel. Daar staat: 'Als hij gaat slapen, wil hij graag zijn beer.' Zijn beer. Die zit natuurlijk in die geheimzinnige hutkoffer. Seth windt zich erg op. Dit gaat niet snel genoeg. Hij wurmt zich alle kanten op en ik leg hem voor de veiligheid maar even in de box. Hier met die handleiding. Waar ben ik. Noem ik dit een vapeur? Welnee. Dit noem ik een regelrechte opvlieger. Wat een volle tas. Kleertjes, luiers, geen beer, nog meer kleertjes, een opvouwbaar aankleedkussentje, geen beer, billendoekjes, een speen, een beker, een fles diksap, een plastic bakje, een lepeltje... Waar is zijn beer! Het zweet breekt me uit. Ik hijs Seth uit de box, bedaar hem met zijn speen, waarvan dochter op bladzijde drie opmerkt: 'Liefst zo weinig mogelijk. Dus alleen als het echt niet anders kan.' En ik zing: 'Op een klein stationnetje...' Dat werkt. Seth snoezelt met zijn wang tegen de mijne. Ik heb een Nijntje. Zijn beer is bruin. Nijntje is wit met oranje. Volgens de erfelijkheidsleer hebben jongetjes een veel grotere kans op kleurenblindheid. Zou hij erin trappen?

'Het is zo leuk, een kleinkind!' jubelden vriendinnen tegen me. En ze verloren zich in lofzangen. Het kwam me m'n neus uit. Doe normaal! Hoe leuk kan leuk zijn? Kom op zeg. Flessen en poepluiers.

Nu moet ik uitkijken dat ik niet net zo onuitstaanbaar word als al die vriendinnen. Dus ik knik kort tegen iedereen die naar mijn grootmoederschap informeert. Inderdaad. Ik ben oma. Dan raffel ik erachteraan: 'Ik werd er kotsmisselijk van als vriendinnen me vertelden dat het zó ontzéttend leuk is, een kleinkind. Doe normaal, dacht ik dan! Meer eerlijk is eerlijk, het is écht ontzettend leuk! Verder wil ik er niks over zeggen.'

En dan loop ik snel door.

Je vraagt je van alles af, als je kijkt naar zo'n lekker gezond lijf als dat van Seth. Stel nu dat zijn mama draagster was van een erfelijk gen dat eierstokkanker en borstkanker veroorzaakt. Dat ik dat gen dus aan mijn dochter had doorgegeven. Dat ik daar waarschijnlijk al de hoogste prijs voor had betaald en dit stukje nooit had kunnen schrijven. Stel... Stel dat mijn dochter toch die kinderwens had gehad. Wat een dilemma. Ze weet door welke hel haar dochter zal moeten gaan. Haar eigen hel.

Ze heeft haar borsten uit voorzorg al laten amputeren. Haar verstand zal regeren. Haar hart zal huilen. Stel nu dat ze wel dolgraag dat kind wil. Ondanks alles. Wil ze dan het risico lopen dat ze een dochter krijgt? Wist ze maar zeker dat het een jongetje zou worden. Een gezonde Seth Rutger. En dat kan. Door middel van embryoselectie. Dat kan ei-

genlijk al jaren. Je kunt embryo's testen op drager-
schap van erfelijke aandoeningen. Je kunt ook kijken of het kindje dat hieruit zal groeien geschikt is
om na zijn geboorte via cellen uit navelstrengbloed
een dodelijk ziek broertje of zusje te helpen genezen. En je kunt kijken naar geslacht en naar spier-
kracht. Dat laatste vindt de Gezondheidsraad geen
aanrader. Dat lijkt te veel op een griezelige manier
van selecteren. Maar selectie op geslacht in combinatie met de erfelijke vorm van borst- en eierstokkanker, dat is heel wat anders. Jet Bussemaker van
de PvdA vindt dat ook. In 2008 schrijft zij dat in een
brief aan de kamer. Er moeten mensen zijn die
juichten toen ze dat hoorden. Het mag! Stel nu dat
mijn dochter... Ze zal niet aarzelen. Ze zal haar geluk pakken. Maar niet alle partijen juichen. De
Christen Unie steigert. André Rouvoet, toenmalig
minister van Jeugd en Gezin, is woest. Er moet eerst
een debat komen en het Medisch Centrum Maas-
tricht mag voorlopig geen onomkeerbare stappen
zetten. Ze gaan door met de vijf paren die ze nu al
in behandeling hebben en die ze overigens in 2006
al eens naar huis moesten sturen vanwege gewij-
zigde politieke inzichten. Dat wil je mensen niet
nog eens aandoen, dus voorlopig doen ze geen na-
vraag naar de randjes van het begrip 'onomkeer-
baar'. Stel nu dat het blijft bij die vijf paren. Wat
voor uitweg heeft mijn dochter dan nog? Zwanger
worden. Met zestien weken een vruchtwaterpunc-
tie laten doen. En wanneer vastgesteld is dat het

kindje drager is van het gen, besluiten tot abortus. Die mogelijkheid maakt deel uit van het regeerakkoord. Dat is dus blijkbaar geen deel van de glijdende schaal waar Rouvoet zo bang voor is. Stel nu dat mijn dochter juist die mogelijkheid veel erger vindt? En dat ze de gok maar waagt? En dan, gelukkig, moeder wordt van dat kleine jongetje? Van Seth Rutger? Maar dat ze wel jong sterft, omdat ze na zijn geboorte wel meteen haar eierstokken liet verwijderen, maar daar toch net te laat mee was? Stel nu dat ze dan samen met mij voor de stoel van God gaat staan en dat we samen eens lekker op Hem gaan staan mopperen. 'Mooi wel Uw schuld dat we altijd maar die discussie moeten voeren of we wel op Uw stoel mogen gaan zitten.' En dat God dan, licht vermoeid, zegt: 'Lieve kinderen, ik geef jullie zoveel kennis en inzicht en mogelijkheden. Neem nou die embryoselectie. Fantastisch toch? Daar kun je zoveel verdriet mee besparen. Maar jullie blijven zó verschrikkelijk eigenwijs.' Ik bedoel, stel nu eens...?

'En dan gaat oma nu een schone broek doen,' kir ik. Oei! Ik hoor mezelf. Wat erg! Wie praat er nu over zichzelf in de derde persoon? Niemand toch? Alleen oma's, opa's, mama's en papa's. Je hoort nooit een dominee zeggen:

'Na het zingen gaat dominee eens lekker preken.'

Of een verpleegster: 'Nu zal zuster eens even de temperatuur opnemen.'

En in de garage: 'Dan gaat monteur eens snel uw winterbandjes omleggen.'

Maar wel:

'Mama zal even je fruithapje maken', 'Later gaat papa fijn met je voetballen' en 'Oma gaat een schone broek doen'. De laatste is de ergste. Tenenkrommend krom. Brrr.

Eerste persoon meervoud hoor je nog wel:

'We gaan even lekker het bed verschonen' en 'We gaan even een prikje geven' en 'Wij, Beatrix der Nederlanden'. Maar die komen allemaal voort uit de zorg, al dan niet voor het volk.

Ik neem me voor om normaal te praten tegen dit wurm. Dus ik zeg plechtig: 'Ik ga je even een schone broek geven.'

En ik krijg een brede tandeloze grijns als beloning.

Er is in Nederland een enorm tekort aan kraamzorg. Als prille mama en pasgeboren baby zou je in ideale omstandigheden moeten kunnen rekenen op 44 uur zorg. In de grote steden krijg je met een beetje mazzel het wettelijk minimum: 24 uur te verdelen over 8 dagen. Drie uurtjes per dag is niet veel. De focus ligt dan ook op het begeleiden bij borstvoeding en die koffie haalt de kraamvisite gewoon zelf. Kraamvisite is na sommige bevallingen bijna een voorwaarde om de kraamtijd door te komen en ik zou iedere aanstaande jonge moeder willen adviseren om daar op voorhand een schematje voor op te stellen.

Aansluitend kampen de meeste consultatiebureaus met onderbezetting. Dochter kon met Seth Rutger de eerste drie maanden uitsluitend terecht op een weeguurtje. Daar was soms een verpleegkundige aanwezig. De consultatiearts was langdurig ziek en na herstel uitsluitend aanwezig op dagen dat dochter én vader van mijn kleinkind op hun werk waren. 'Daar moet je dan maar gewoon een dag vrij voor nemen,' vond de mevrouw die de afspraken inplande. Het resulteerde in een akelig gekissebis over het inentingsschema van mijn kleinkind en een overspannen dochter die wel móést constateren dat ze na vier maanden moederschap al volledig had gefaald in de opvoeding van haar zoon.

Komt dat arme kind straks in de schoolbankjes, is daar nog steeds een tekort aan onderwijsgevenden. Geen status en een hoop stress zijn nog steeds geen lokkertjes om aan pabo of lerarenopleiding te beginnen. Inmiddels is er ook al een enorm tekort aan technisch personeel, zit zowel de metaalsector als de elektrotechniek te schreeuwen om mensen, stort de basis van die sector totaal in en moeten we verpleegkundigen importeren uit Polen en Bulgarije. Tussen alle berichten over personeelstekorten vind ik er eentje van een tbs-kliniek, waar zo'n tekort is aan personeel dat een medewerker opmerkt: 'De tbs'ers hebben in feite de macht in handen.'

Om de levenskring rond te maken is er een enorm tekort aan verpleeghuiszorg. Er zijn mooie woonprojecten in Nederland, waar met demente bewoners wordt gewassen en gekookt. De bewoners herkennen die huiselijke omstandigheden en worden daar heel gelukkig van. Het kost natuurlijk wel veel tijd. Door het tekort aan personeel is het dan ook niet meer te doen. Jammer. Afgeschaft. Terug naar de basiszorg. En nu maar hopen dat verpleeghuizen dat tenminste kunnen waarborgen. Want basiszorg blijft een lastig begrip als de zorgverzekeraar uiteindelijk bepaalt hoe vaak de verzorgers je moeder een schone luier mogen geven.

Ik heb voor de grap een paar weken alle berichtjes over tekorten aan personeel uit de krant gescheurd. Er zit geen één berichtje bij over tekorten aan managers, tekorten aan rijksambtenaren, tekorten aan politici, tekorten aan middelmanagers, tekorten aan beleidsmedewerkers, tekorten aan directieleden, tekorten aan bezoldigde bestuursleden, tekorten aan staffunctionarissen, tekorten aan overheidsmedewerkers, tekorten aan vicepresidenten, Financial officers, commissarissen, projectmanagers en burgemeesters.

Alle tekorten betreffen mensen op de werkvloer, handen aan het bed, vingers aan de pols.

Wat schaars is, is duur. Dat is eigenlijk het enige dat ik van lessen economie heb onthouden. Maar ik begrijp nog steeds niet waarom die wet niet opgaat voor arbeid.

Seth is klein. Zijn hoofd zit nog niet goed vast. Het wiebelt. Zijn opa, mijn lief, houdt hem vast alsof ie een Mingvaas door de kamer draagt. Héél behoedzaam, bijna angstig. En ik kijk toe. Vertederd.

Het is de eerste keer dat deze kersverse opa zo'n klein kindje vasthoudt. Hij had altijd gezegd: 'Ik zet geen kinderen op de wereld.' Toen hij in mijn leven kwam, waren er al drie meiden. Mijn meiden. De jongste was zes, de middelste negen en de oudste twaalf. De jongste gaf hem keurig een handje bij de eerste ontmoeting, bukte zich vervolgens en spuugde zijn schoenen vol. Daarna sloeg ook bij de rest van de familie de griep toe. We waren ziek! Behalve mijn redder in nood, de man die de wereld te slecht vond om kinderen op te zetten. Hij bleef overeind, draaide voor het eerst van zijn leven gehaktballen, perste sinaasappels en reikte emmertjes aan. Toen we eindelijk wat opknapten en samen aan tafel zaten, kookte hij bloemkool met een papje. Dat papje bleef in het pannetje hangen en onze jongste vroeg of ze er een asbak van mocht kleien.

Nu is er een kleinkind. Zijn kleinzoon. En elke keer als hij Seth vasthoudt, zie ik dat hij tranen van ontroering moet wegslikken. Zo onder de indruk is hij van dit kleine wonder, van vingertjes en teentjes en wimpers en boertjes.

'Dan laten we Seth bij jou. Ga ik een paar uurtjes met mama en zussen naar de Winterfair. Zou dat kunnen?' vraagt Seths mama hem.

Hij kijkt me vragend aan. Ik hoor hem denken. Kan dat hoofdje, dat wiebelende hoofdje, eraf vallen?

Wij hebben pret op de beurs, lopen rond, luisteren naar optredens en gaan netjes op tijd terug. Onderwijl zorgt de prille opa voor zijn kleinkind. Hij verschoont een luier, geeft een flesje en maakt een lange wandeling met Seth in de kinderwagen. Al die tijd staat het zweet in zijn handen en om de minuut voelt hij in Seths nek of het niet te koud is in de wagen.

'Was het leuk?' vraag ik, als we thuis zijn.

'Zijn hoofd zit er nog op. En ik ben bekaf,' verzucht mijn lief.

De vergoeding voor ouders die gebruikmaken van gastouderopvang dreigt te worden teruggebracht tot een maximum van 12 uur per week. Femke Halsema, destijds nog volop met haar hakken in het zand voor de goede zaak, is woest. 'Een baantje van twaalf uur is blijkbaar genoeg voor vrouwen,' schampert ze. Hoho, mevrouw Halsema, mag ik u even corrigeren? Rekent u even met me mee?

Om 08.00 uur 's ochtends levert de vader van mijn kleinzoon zijn troonopvolger bij me af. Hij gooit nog even de kinderwagen naar binnen en haast zich dan de file in. Hij moet om 09.00 uur op zijn werk zijn. Dochter staat dan al een half uur bij een bushalte te bidden dat de bus verlaat is doordat de chauffeur buikloop heeft en dat het niet komt door een staking.

Dochter werkt vier dagen in de week. Schoonzoon vijf dagen. Ze zullen wel moeten. Ze hadden natuurlijk tien jaar kunnen wachten op een huurwoning. Maar ze besloten een huis te kopen. Een klein huis. Een piepklein huis. Het enige huis dat ze konden betalen in die grote stad. Kosten? Bijna twee ton.

Het Centraal Planbureau heeft al berekend dat de verhoging van tarieven in de kinderopvang geen invloed zal hebben op de werkparticipatie. Met andere woorden: vrouwen zullen heus hun baantje niet opzeggen omdat de kinderopvang duurder wordt. Nee. Dat haalt je de koekoek. Met een hypotheek van twee ton heb je niet zoveel keus. Vrouwen gaan andere oplossingen zoeken.

Dochter verleidde eerst oma Greet. Die zei meteen van harte ja, kocht een bedje, een box en een speen en kreeg één dag in de week haar kleinzoon in huis.

'Ik niet, hoor,' riep ik nog. Maar het stak toch. Verdorie, Greet wel en ik niet... Dus zo gauw de eerste tekenen van bezuinigingen op de kinderopvangbijdrage zich aandienden, ging ik overstag. Kom maar op met dat kind. Nu zijn oma Greet en ik onbezoldigde oppasoma's. Om onze kinderen te helpen. En natuurlijk omdat we Seth Rutger erg lollig vinden. Gelukkig wel.

Maandag bij Greet, dinsdag bij mij, woensdag is papa vrij, donderdag naar de kinderopvang, vrijdag en zaterdag is zijn mama vrij en op zondag is eindelijk het hele gezinnetje compleet.

Als het gezin de hoeksteen van de samenleving is, begint die samenleving hier wel te lijken op een gammel tafeltje.

Om 18.00 uur stapt schoonzoon in de auto. Om 18.30 uur loopt dochter naar perron 2B, omdat een stem heeft omgeroepen dat haar aansluiting vandaag van een ander perron vertrekt. Op het moment dat ze op perron 2B arriveert, meldt de omroeper: 'De trein die zou vertrekken van perron 2B vertrekt op dit moment van perron 13. Ik herhaal, de trein die zou...'

Om 19.00 uur parkeert schoonzoon voor mijn deur om Seth Rutger op te halen.

Dochter is op een doorsnee dag om 19.00 uur thuis. Op andere dagen is ze tussen 19.30 en 20.00 uur thuis. Andere dagen komen vaak voor. Openbaar vervoer staat in Nederland garant voor veel verrassend andere dagen.

Zowel schoonzoon als dochter heeft die dag 8 uur gewerkt. Maar als ze mij zouden moeten betalen, had ik 11 uur moeten rekenen. Met één dagje werken zijn we al aan het maximum aantal vergoedingsuren voor gastouderopvang toe. Dan hebben we nog één te vergoeden uurtje over. Dat besteden we dan maar aan het ophalen van handtekeningen en het schilderen van spandoeken om protest tegen alle onzin rond de kinderopvang te ondersteunen!

Seth is op vakantie. Twee weken met zijn vader en moeder naar ons huisje in het bos.

Toen hij nog een vruchtje was, zaten Jan en ik op een avond in het boshuis met onze benen op de poef te kijken naar de laatste jaargang van de televisieserieserie '24'. Jongens, wat is het heerlijk om met een goed glas wijn in je hand Jack Bauer tussen exploderende gebouwen door te zien rennen. Met een spectaculaire koprol dondert Jack dwars door een trappenhuis, glijdt een stukje langs kabels in een liftschacht, schiet door de balustrade van een vide en landt in een hal. Die vide waar Jack doorheen schiet, lijkt op onze boshuisvide.

'Zie je dat?' vraag ik aan Jan.

'Daar kun je dus zo doorheen vallen,' zegt Jan meteen.

'Zeker als je klein bent,' zeg ik. Jan zet de dvd stop. We bekijken het trappenhuis eens kritisch.

'En die trapleuning,' wijst hij.

'Schiet je zo onderdoor, op kabouterformaat,' knik ik. 'Die zit veel te hoog.'

'En dan land je twee meter lager op de plavui-zen,' fluistert Jan. We zien een frummel op korte pootjes over de leuning buitelen, tussen de balus-trade door klimmen of over de onderste plank kruipen. Van de noodlanding die daar onvermij-delijk op zal volgen, willen we ons geen voorstel-ling maken. Of toch wel, met onze ogen dicht. Maar we spreken dat allemaal niet uit. We zwijgen en voelen ons plotseling bevangen door een angst-aanjagend aanstaand grootouderlijk verantwoor-delijkheidsgevoel.

Opa: 'Ik ga een meetlint halen.'

Oma: 'Ik kijk of we nog genoeg beits hebben.'

De volgende dag zoeken we in het woordenboek op wat schroefjes zijn in het Frans, slepen vervol-gens een lading planken uit de bouwmarkt en gaan aan de slag.

'Wat zijn jullie aan het doen?' informeert een buurman waarmee we sinds we ons boshuis betrok-ken zeer bevriend zijn geraakt. We leggen ons pro-ject uit.

'Maar dat kind is er toch nog lang niet?' waagt buurman op te merken. Ha! Het kalf en de put! Nee, nee, wij willen liever voorkomen dan genezen. En zo weten we nog wel een paar spreekwoorden.

'Bovendien, als hij 's nachts zijn kamer uitkomt, glijdt hij uit op het laminaat en dan zeilt hij zo on-der de balustrade door,' wijs ik.

'Daar ligt toch tapijt? Dat laminaat ligt er nog helemaal niet!' Dat is te veel kritiek. Nu krijgt ie geen koffie meer. We gaan door met de beveiliging van ons trappenhuis en Jan knutselt meteen een handig hekje dat de vide omtovert in een buiten-model box. Er zit zo'n ingewikkeld schuifslotje op, dat Jan een kwartier moet studeren op de gebruiks-aanwijzing om te snappen hoe het werkt. 'Dat krijgt hij nooit open,' zegt Jan tevreden.

'Weten jullie wel wanneer zo'n kind pas een beet-je begint te lopen?' vraagt buurman. Hij is kribbig omdat hij nog steeds geen koffie heeft gekregen.

'Zo'n kind loopt eerder dan je denkt,' zegt Jan.

'Voor je er erg in hebt, rent ie om het huis,' weet ik zeker.

We zijn nog dagen bezig met schuren, want het hout was in de aanbieding en niet geheel splinter-vrij. Daarna ben ik drie dagen aan het beitsen om het in de juiste kleur te krijgen. Ziezo. Veilig.

Seth is anderhalve week op vakantie als dochter belt. Seth is ineens gaan kruipen en twee dagen la-ter trekt hij zich aan meubelstukken op en doet wankele stapjes. 'We worden er gek van. De hout-kachel heeft glimmende handvatten,' zegt dochter.

De houtkachel. Nooit aan gedacht.

Kleine katjes zijn blind als ze pas gaan lopen. Daardoor zijn ze héél voorzichtig. En daardoor barst het van de katten. En konijnen. En muizen. Om nog maar eens wat in aanvang blinde zoogdieren te noemen. Seth Rutger kruipt en trekt zich op. En hij is niet blind. Dus hij kijkt eens goed rond, bepaalt vervolgens een onzinnig doel om te beklimmen en zet er onmiddellijk de sokken in zo gauw je hem op de grond zet. In het wild zou ik mijn kleinzoon nauwelijks een kans toedichten om te overleven. Onder mijn hoede blijft de schade nog enigszins beperkt, maar het is zwoegen. Voor mij dan.

Zijn inschattingsvermogen is trouwens abominabel. Hij trekt zich op aan een tafeltje en merkt niet op dat het tafelblad iets uitsteekt. Rang! Kop tegen een smeedijzeren randje. Hij trekt zich op aan een stapel boeken en ziet niet dat ze gaan schuiven. Hij kiest een grote glazen vaas uit om zich aan op te trekken en snapt niet dat die begint te wankelen, zo gauw hij op één been staat. Ik leg gauw een grote teddybeer onder hem om zijn val te breken, want ik ben nog steeds van mening dat eigen ondervinding het snelst leert. Na een uur begin ik te twijfelen. Of ik heb een bijzonder dom kleinkind of je leert proefondervindelijk nog niks als je negen maanden oud bent. Ik parkeer hem in de box. De box is ongetwijfeld een van de oudste uitvindingen van de mensheid. Zonder box zou de wereldbevolking aanzienlijk uitdunnen. Aan het gebrul van Seth te oordelen, is hij me overigens niet dankbaar voor zijn veilige plekje. En ook in de box gaat hij staan. Minpuntje: Hij kan niet gaan zitten. Daar moet ik bij helpen. Maar dan denkt hij dat ik hem eruit til. Dus ik meld dat duidelijk: 'Nee. Je mag er niet uit. Je gaat zitten.' Geen woord Frans bij. Simpele boodschappen beklijven echter nog niet bij mijn nageslacht. Hij snapt er niks van.

De communicatie is toch een zwak puntje in onze relatie. Ik voer hem een fruithapje. Hij hapt. Slikt. Krijst. Perst twee tranen tevoorschijn. Ik houd het lepeltje voor zijn mond. Hij is stil. Lacht. Hapt. En dan herhaalt de reeks zich. Wat bedoelt hij daarmee? Doet er iets zeer? Zit er iets dwars? Vieze broek? Scherp stoelrandje? Zere keel? Deels te controleren en niet het geval. Deels volstrekt duister. En geen babyfluisteraar te bekennen. Als alles op is, schatert hij om de beer die ik 'In de maneschijn' laat zingen en brult vervolgens net zo makkelijk als ik een natte lap over zijn gezicht haal om sinaasappelresten te verwijderen. Seth heeft geen boodschap aan eenduidige signalen.

Na de hap zitten we samen op de vloer. In zijn wangplooien zit nog banaan, maar als ik er naar wijs, trekt hij al een lip.

'Straks ga ik je toch poetsen, frummel,' voorspel ik. Hij hijst zich op aan mijn vest en mijn ketting. Wiebel, wiebel. Het ene kleine handje laat mijn vest los en grijpt ook. Vast! Nu omklemt hij met twee handen het zilveren kettinkje. Hij leunt een beetje achterover, wankel, als een beginnend windsurfer bij het eerste briesje. Een handje laat los. Grijpt mijn haar. Het andere handje ook. Hij duwt zijn gezichtje tegen mijn wang. Kroelt. Geeft kopjes. Deint. Hmmmmm. Ogen dicht. Net als kleine katjes. Konijntjes. Muisjes. Ik denk toch dat het goed komt met onze relatie. Deze boodschap is duidelijk. Seth Rutger gaat naar bed.

Ik eet alleen gelukkige koeien, blije kippen en vrolijke varkens. Als ik bij de supermarkt twee scharreltartaartjes heb gevonden, valt mijn oog op een bord. 'Nu een kilo tartaar voor 5 euro!!!' Mijn vrolijke tartaartjes wegen nog geen twee ons en kosten drie euro. Misselijkmakend verschil. Toch neem ik ze mee. Alles liever dan die kilobende. Waarom komt daar geen verbod op? Iedereen weet dat daar de ellende zit en toch blijven supermarkten maar massa's vlees in bakken stoppen om die vervolgens voor ramsjprijzen door onze strot te wurmen.

'Ja, ho even,' roept mijn buurman, als we midden in mijn gelukkige beestentheorie aan de koffie zitten. 'De gewone man wil ook wel een tartaartje!' Tuurlijk. Prima. Maar waarom een kilo? En waarom iedere dag?

'Ik eet ook niet iedere dag vlees. Maar als ik het eet, wil ik zeker weten dat het van een beest is dat een redelijk leven heeft genoten. En dat het liefst niet de halve wereld is afgereisd, opgepropt in een vrachtwagen. Of in het ruim van een schip. Of dat op de veemarkt kreupel de veewagen in geslagen is.

Of uit geslagen.' En daar ga ik. Ik ondermijn altijd mijn eigen theorieën. Ik kan mijn mond gewoon niet houden. Buurman zegt meteen: 'Dat weet je dus nooit. Dan moet je alleen dieren eten die je zelf fokt. Of die je bij een boer stalt en daarna laat slachten.' Ja. Hij heeft gelijk. Maar als ik kleine Bertha met haar dromerige kalverogen zie knipperen als ik haar op haar kop krabbel, word ik meteen misselijk bij het idee dat ik van haar staart later een lekker soepje zal gaan trekken. Terwijl Bertha daar theoretisch gesproken niet eens voor geslacht zou hoeven worden. Amputatie volstaat in dat geval. Dus over biefstuk gaan we al helemaal niet beginnen. Dan kan je me wegdragen. Varkens zijn zulke grappige beesten, die eet je ook niet als je ze kent. Ze zijn ook nog eens heel slim. Als ze ons ooit door krijgen met onze karbonaadjes en onze speklappen, dan mogen we wel uitkijken. Als ze georganiseerd terugslaan, vreten ze ons op. Of op zijn minst kleinzoon Seth Rutger, mocht hij ooit in een varkenshok vallen. Een kind van een maand of negen hebben ze zo weg. En kippen? Ik heb niks met kippen. Die zou ik kunnen schieten. Maar dan zit je met al die hagel. En de nek omdraaien? Of afhakken zonder je eigen hand te raken? Dan eet ik nog liever tofu of tahoe of hoe al die vage witte sojablokken ook mogen heten. Ook al heb ik nog nooit een recept gevonden dat daar enigszins acceptabel voedsel van maakt.

Ik ben niet meer te stuiten en vertel dat ik ook het liefst groente en fruit koop dat gewoon uit Nederland komt. Iedereen maar gillen over ecotax en opwarming van de aarde en onderwijl komen mijn druiven met een vliegtuig uit Sri Lanka, de aardappels uit Egypte, kiwi's uit Ethiopië, sperziebonen uit Marokko en rozen uit Kenia. Ik doe de laatste tijd uren over mijn boodschappen, want ik moet al die etiketten lezen. 'Een receptenboek voor milieubewuste vleesetende vegetariërs zou echt een uitkomst zijn,' besluit ik. De koffie is op. Buurman vertrekt. Een uurtje later staat ie voor mijn raam en roept: 'Bedankt voor de tip! Echt een goeie aanbieding! Ik heb nu twee kilo tartaar in de vriezer. Dus als je een keertje misgrijpt?'

'Ik wil niet dat ie huilt.' Dochter zegt het een beetje verontschuldigend. Boven in zijn bedje brult Seth Rutger. 'Ik ga hem wel halen,' bied ik aan. Moederschap is zwaar. Dochter heeft de eerste grijze haar al ontdekt. Het is een aarzelend begin, maar toch. Ze betaalt al een beetje mee. Van kinderen word je grijs. Als ze jong zijn en heel afhankelijk, wil je ze beschermen tegen verdriet. En als ze ouder worden, wordt dat alleen maar erger. Want o, wat heb ik me vergist! Ik dacht: als ze maar eenmaal meerderjarig zijn. Dan zijn ze volwassen. Dan ben ik niet meer verantwoordelijk.

Dat is ook zo. Maar kinderen doen juist de vreselijkste dingen als je ze niks meer kunt verbieden. En daardoor neemt het aantal grijze haren in rap tempo toe. Want we willen niet dat onze kinderen huilen. We voorkomen die tranen liever dan dat we ze achteraf moeten drogen. Dus zijn we niet blij met een mededeling als: 'Mama, dit is Gerard. Hij is de liefde van mijn leven en hij heeft een dochter die drie jaar ouder is dan ik! Leuk hè?' Haal de voordeelverpakkingen kleurshampoo alvast maar in huis.

Dochter van vriendin, alleen aan het backpacken, belt haar moeder vanuit Thailand: 'Mama, ik ben hier afgezet door een taxichauffeur en er is hier helemaal niks! En ik ben bang dat...' Piep piep piep! Moeder belt vervolgens politie, ambassade, buitenlandse zaken en alle instanties die ze kan bedenken in die doorwaakte nacht, waarna ze de volgende ochtend dochter aan de lijn krijgt met: 'Nee, ik bedoelde dat het niet echt een lekker hotel is. En ik wilde zeggen: ik ben bang dat de batterij van mijn telefoon bijna leeg is!' Vriendin kijkt nog dagelijks verbaasd in de spiegel. 'Dat mijn haar die nacht niet helemaal wit is geworden...' mompelt ze dan.

Jongste dochter sprak: 'Mama, ik heb mijn vaste baan opgezegd en ik ga een jaar naar Amerika, als au pair.' Een week voor haar vertrek bleek dat ze haar ziektekostenverzekering in Nederland niet op kon zeggen: onverwachte kostenpost die ouderlijke bijstand wel zeer noodzakelijk maakte. Bovendien ging haar mobiele telefoon kapot en met het oog op haar naderend vertrek kreeg ze geen leentoestel. Die zou ze immers niet meer terug kunnen brengen? Twee dagen voor vertrek belde ze huilend op. Haar toilet was van de muur gestort en haar flatje stond blank. Ik weet nu al zeker dat de twee kindertjes waar ze pensioenbreuk voor pleegt verwende draakjes zijn en dat hun moeder van een au pair verwacht dat ze de plee boent en haar tangaslipjes strijkt. Dochter zal me van iedere wantoestand tot in detail op de hoogte houden en ik overweeg nu al om maar te stoppen met het bijkleuren van mijn haarwortels.

Moeders krijgen nu eenmaal grijze haren van kinderen. Al weten ze dat het meestal goed afloopt.

Tot op een dag een dochter haar moeder opbelt en zegt: 'Mama, ik stap nu op de fiets. Ben met een half uurtje thuis.' En een zoon belt zijn moeder en zegt: 'Mama, ik ben met veel te veel drank op in de auto gestapt. Ik heb iemand doodgereden. Een meisje.'

Ik sta bij het bedje van Seth. Hij grijnst me toe tussen zijn tranen door en blaast spuugbellen. Ik zeg tegen hem: 'Jij gaat jouw mama nooit verdriet doen, hè? Want ik wil niet dat ze huilt.'

Hij belooft het meteen.

'Nu gaat het gebeuren, hè?' Terriërman en Boxerbaas kijken ons stralend aan. Ze komen van het dijkje af. Het dijkje waar we zoveel voetstappen hebben liggen. Hele zolen versleten we. Afdrukken van hondenpootjes vertellen daar nog van Laska. De leukste liefste gehoorzaamste hond van de wereld. Bij wandelingen in de Ardennen ging Laska 'af' op een vingerklik en een handgebaar van Jan. Vervolgens keek ze met ons mee naar de reeën die het pad kruisten. Alsof ze naar een tenniswedstrijd zat te kijken, haar koppie van links naar rechts en terug. Laska was de hond waarbij kinderen hun angst kwijtraken. Natuurlijk waren ze daarna nog bang voor honden. Maar niet voor Laska! Iedere wandeling dook ze de vaart in. Alle reuen op de dijk waren een beetje verliefd op Laska en alle teven waren een beetje jaloers. En alle hondenbazen riepen: 'Ja, natuurlijk kan die hond altijd los. Die luistert!' Daarbij vergaten ze alle uren training die we investeerden om Laska zoveel vrijheid te kunnen geven. Laska snuffelde aan de neuzen van schapen en koeien. Reigers langs de sloot vlogen niet weg als ze passeerde. Laska zat nooit iets achterna. Nou ja, soms een balletje.

De dag dat ik voor het eerst met kleinzoon Seth Rutger in de wagen de dijk op wandelde, dacht ik: 'Nu duikt iedereen vol bewondering die wagen in!' Maar de eerste die ik tegenkwam, zei: 'Och, wat wordt Laska oud.' Toen zag ik het ook. Ze werd mager. Ze stopte met eten, wilde niet drinken en de dierenarts had de diagnose snel klaar: Haar nieren werkten niet meer. We probeerden nog wat met een infuus. We hingen zakken vloeistof aan een klerenhanger en de klerenhanger weer aan de boekenkast.

Drie zakken per dag. Drie dagen lang. Laska hield braaf haar pootje gestrekt omdat het anders niet wilde druppelen. Het hielp natuurlijk allemaal niks. Op zijn vrije zaterdagochtend liet de dierenarts haar thuis inslapen in haar eigen mand. Daar verdient de man een lintje voor. We brachten haar weg en verstrooiden later haar as in de Ardennen, waar ze zo graag met ons wandelde. En wij zo heel graag met haar.

We kregen mailtjes en kaartjes in de bus. Van allemaal mensen die ons sterkte wensten. Sommigen kwamen even aan de deur met hun hond. Om ons toe te knikken en te vragen hoe dat nu zo ineens kon gebeuren. De hele dijk leefde mee. 'En nemen jullie nu weer een hond?' Pffff. We moesten er even niet aan denken. Tot we hoorden dat Hertha was gedekt. De liefste herder van de dijk. Natuurlijk mogen jullie een pup, zei de boerin meteen ontroerd. En Hertha gooide zich bij iedere zwangerschapscontrole voor Jan op haar rug. Maar we voelden niks. Negen weken later stonden we in de stal. De boer schudde z'n hoofd. 'Hier, neem deze maar mee,' zei hij en hij grabbelde een pasgeboren lam uit het hok, dat hij me in de armen duwde. Hertha had een dekgarantie. Dus die reu zou nog een keer langskomen. Dan wachten we maar, besloten Jan en ik. We kwamen vervolgens minstens tien kilo aan, want we liepen geen meter meer.

'Ik mis al die vreemde types op de dijk ook zo,'

biecht ik in de dorpssupermarkt aan schapendoes-mevrouw. 'Ja, daar hoor jij natuurlijk ook bij,' be-grijpt ze. Ik knik.

Nu is Hertha loops. En die garantiereu is weer langs geweest. Dus! Boxerbaas glundert. Terriër-man grijnst. Vanavond gaan we maar weer eens de dijk op.

Alle kindertjes in de kinderopvang hebben de-zelfde kleur snottebel. Legergroen met een geel randje. Maar die van kleinzoon Seth Rutger is het grootst van allemaal. Soms moet je als grootmoeder een stap zetten om iets te vinden dat jouw klein-kind onderscheidt. Dat doe ik graag. Seth is ieder-een op snotgebied ruimschoots de baas. En hij gaat er niet kinderachtig mee om. Seth deelt graag en verspreidt zijn virussen door rond te kruipen als een Leopardtank en aan iedereen kusjes uit te delen. Door die permanente kruisbestuiving in de opvang blijft hij erg lang verkouden.

'En nu heeft hij koorts,' belt dochter bezorgd. 'Hij is suf. Helemaal niet goed. En het is vrijdag. Ik durf zo het weekend niet in.' Haar bezorgdheid be-neemt me even de adem. Dokter bellen. Afspraak maken. Ja, natuurlijk kom ik. Met de auto. Dan pik ik jullie op. Ga ik mee. Bel maar gauw. Gaat ze met-een doen.

Ze belt terug. 'Die dokter zegt dat ik gisteren had

moeten bellen. Maar toen heb ik niets gemerkt! Seth zat in de opvang. En 's avonds was er niks aan de hand. Ja, hij zit vol. Maar dat zit hij al weken! Ik weet haast niet meer beter. Met kleine kindjes die koorts hebben, is het onverantwoord om zo lang te wachten, zei ze. Dus hij mag komen. Om half drie. Onverantwoord...' Dochter huilt bijna.

'Ik ben om twee uur bij je,' beloof ik.

'Ik voel me een slechte moeder. Ik was gisteren ook zo laat thuis. Ik heb Seth maar een half uurtje gezien. Toen ging hij al naar bed. Hij was zó moe. Ja, dat was ook al een teken natuurlijk!'

Ze zit midden in het aloude dilemma. Moeders die werken zijn slechte moeders. Moeders die niet werken zijn ook slechte moeders. En moeders die een beetje werken zijn slechte moeders en ook nog eens slechte carrièremakers. Kom daar maar eens uit.

Ik sus. Ik troost. Ik zeg veel redelijke dingen en plak een post-it papiertje op mijn beeldscherm waarop staat hoe laat ik moet stoppen met tikken.

Om twee uur laden we Seth Rutger met zijn stoeltje op de achterbank. Hij klinkt schor en wil niet naar me lachen. Tijdens het rijden jengelt hij een beetje. Het is zo verschrikkelijk druk in de stad, dat we er een half uur over doen om van noord naar oost te komen. Ik zet mijn auto neer zonder me te bekommeren om parkeergeld en we rennen naar binnen.

We mogen meteen doorlopen. De dokter bekijkt ons kritisch en haar mond knijpt samen. Ik kan het haar bijna horen denken: 'onverantwoord'. Dochter krimpt een beetje. De arts luistert naar Seths longen, kijkt in zijn mondje, krijgt bevestigd dat hij nog redelijk drinkt en zegt dan: 'Ja, zo'n virusje, daar hoef je natuurlijk niet voor te bellen. Als hij nu lusteloos is en niet meer wil drinken, dan wel. Dit is erg overdreven.' Seth is nu rechtop gaan zitten en grijpt vol belangstelling naar haar stethoscoop. Misprijzend zegt ze: 'Dit is niet bepaald een doodziek kind.' Waarop Seth ons totaal te kakken zet door daar kakelend om te lachen.

'Vanaf 41 graden koorts moet u zich zorgen gaan maken,' besluit de dokter bestraffend. Wij danken nederig, druipen af en ik trakteer Seth beneden in de apotheek op een voordeelverpakking tijmsiroop.

'Je doet het ook nooit goed als moeder,' verzucht dochter.

Ik zucht van harte mee. Onder mijn ruitenwisser zit een geel papiertje. Ook dat nog.

'Ik was laatst op de boerderij, zag een koetje in de wei, weet je wat dat koetje zei? Boeboeboe!' Ik knal het eruit langs de dijk en Seth Rutger slaat met zijn rechterbeen de maat.

'Goedemorgen,' roept de postbode terug. Hij fietst

me voorbij en kijkt grijnzend om. Hij wil het gezicht wel eens zien van iemand die zo hard 'boe' loopt te roepen. 'Bè,' roept Seth vanuit zijn wandelwagen. Dus ik zet de schone variant van het schaapje in. 'Zag een schaapje in de wei... weet je wat dat schaapje zei? Bèèè, bèèè.' Zelfs de schapen in het weiland kijken op. Voor die schapen schaam ik me niet. En de postbode keert na de laatste boerderij om, dus die zie ik straks aankomen. Hij zal me niet nog een keer betrappen.

Pas na alle varianten die we tegenkomen (eenden, geiten, grutto's, ganzen, zwanen, paardjes, pony's, honden, katten, kippen, kieviten, reigers, waterhoenen, futen, en nog een keer de koeien en de schapen), bedenk ik hoe heerlijk het zal zijn als Seth op een goede dag zegt: 'Koeien zeggen niks, oma. Koeien maken geluid. Dat lijkt enigszins op dat "boe", maar in mijn optiek gaat het toch meer de richting uit van een langgerekt "mûûûûûûh". Vindt u ook niet?'

Waarom doen we dat toch? Waarom leren we kinderen zulk mal taalgebruik aan? Eenden praten niet. Reigers zeggen niks. Schapen blaten en geiten mekkeren. Waarom zing ik nu al een half uur lang 'weet je wat dat beestje zei?!' Ik stort even in. Stilte. Het komt goed uit, want in de verte komt de postbode aangetrapt. Voorovergebogen over zijn stuur, zijn tassen bijna leeg.

'Goeiemorgen!' Hij grijnst nog breder. Boven zijn hoofd hangt een gedachtewolkje. Als uit een strip-

verhaal. Daarin staat: 'Straks gaat ze weer brullen!'
Maar ik hou nog even mijn mond dicht, want in de
verte nadert een wandelwagen met een leeftijdge-
noot van Seth erin. Zijn mama wandelt erachter en
de hond sjokt ernaast. Ik buk voor een honden-
knuffel en vertel mijn postbode-loei-incident. De
mama lacht.

'Ik hoef niet meer te loeien,' zegt ze. 'Hij weet het
al.' Ze richt zich tot haar zoon. 'Wat doet het koetje?'

'Boe.'

En wat doet het schaapje?'

'Bèèè.'

'En wat doet het hondje?'

'Waf!' Triomfantelijk richt ze zich op. 'Nou?''

'Knap zeg!' prijs ik. We lachen. Zeggen gedag.
Wandelen door. En ik besef dat ik die variant nog
erger vind. 'Wat doet het...'

'Wat doet het koetje, Seth?'

'Het koetje staat in de wei, oma. Hij rukt gras af
met zijn tong, slikt het door, braakt het weer terug
en herkauwt het langdurig. Om de bende te verte-
ren heeft ie vier magen nodig: pens, netmaag, boek-
maag en lebmaag. Uiteindelijk belandt alles als koei-
envlaai weer op het weiland. Boeren houden dit
soort koeien voornamelijk voor de melkproductie.
Vleeskoeien zien er anders uit. Hoewel, de koeien
hier zijn zogenaamde hobbykoeien. De boer hier is
gestopt met zijn bedrijf. Of bedoelde u iets anders,
oma?'

'Nee schat. Je hebt groot gelijk. Eenden doen ook

niet veel. Beetje broeden, elkaar verzuipen tijdens de paartijd en wat kroos eten. Kwekkwekkwek. Om over de rest van de veestapel maar te zwijgen.'

In stilte lopen we verder. Tot de volgende boerderij. Kippen vliegen de sloot over. Twee hanen springen er achteraan. Hanen! Verrek! Die hebben we nog niet gehad! Ik hervat monter: 'Liep laatst langs de boerderij, zag daar hanen in de wei, weet je wat dat haantje zei? Kukelekukelekuuuuuu!'

Het beentje slaat de maat. Seth Rutger kraait.

'Kan hij al zwaaien?' vraagt de arts van het consultatiebureau. Snotver. Dochter en ik hebben op alle vragen enthousiast geknikt en al die tijd staat Seth Rutger slechts gehuld in een luier trots te showen hoe hij zich perfect langs curves en groeilijnen ontwikkelt. Maar hij kan niet zwaaien. Wij schudden ons hoofd. Hij kan wel goed vasthouden. Dat bewijst hij maar eens door de stethoscoop van de dokter te grijpen en niet meer los te laten. Maar zwaaien? Nee. Dat kan hij niet.

'Een onvoldoende voor zwaaien,' fluister ik tegen dochter, terwijl zij haar zoon een hemd probeert aan te trekken. Een hele onderneming, want Seth heeft eerst het aankleedkussen op de grond geschopt en hangt nu in de luxaflex. 'We gaan maar veel oefenen,' zucht dochter.

Een moeder duwt een buggy het zaaltje in. Ze

laat een duidelijk spoor achter van natte banden. Als ze haar jas uitheeft, begint ze de wagen te ontdoen van de plastic regenhoes. Rond de wielen vormt zich een flinke plas water. Onder de regenhoes komt een koppie tevoorschijn met een roze strikje in kroeshaartjes. Twee grote wijd opengesperde donkerbruine ogen staren onafgebroken naar de vrouw. Het kind knippert niet één maal. Het kind kijkt. Alert. De moeder kleedt het uit zonder een woord te zeggen. Het kind glimlacht niet en babbelt niet.

Dochter heeft haar zoon eindelijk in zijn trui gewurmd en sist: 'Even meewerken, jongeman!' Seth is daar duidelijk niet van onder de indruk. In zijn optiek is aankleden een worstelwedstrijd en hij is iedere keer bereid zich voor de volle honderd procent in te zetten. Nu het tijd is voor zijn broek doet hij de 'zeemeerman': hij perst zijn twee mollige benen gestrekt tegen elkaar aan en kijkt daarbij zijn moeder zeer vastberaden aan.

Het meisje met het roze strikje staat nu naast de buggy. Op haar schoentjes in de plas. Ze heeft beentjes als van een koppoter, lang, recht en dun. Ze leunt tegen haar moeders bovenbeen en staart naar mij. Ik glimlach. Ik knik. Ze kijkt me gefixeerd aan en reageert niet. Haar moeder kijkt naar buiten.

Eindelijk heeft Seth Rutger zijn jas aan. Ik pak zijn tas in en we vertrekken.

'Da-ag!' zwaai ik naar de donkerbruine ogen. Ze beweegt niet. Haar moeder kijkt niet op.

'Hé! Juf!' Voor de ingang van het consultatiebureau kom ik haar tegen. Hoe lang is het geleden dat ze bij me in de klas zat? Een jaar? Twee jaar? Op haar arm heeft ze een kindje. Klein nog. Heel klein. Om het aardappelhoofdje zit een roze bandje. Zodat het maar duidelijk mag zijn. Dit is een meisje. Ik groet. Ik bewonder. Ik bijt mijn tong af en stel geen enkele foute vraag. (Werk je? Studeer je? Woon je? Alleen?) Ik ben enthousiast en lief en vol aandacht. Het gaat me niet aan. Die foute vragen krijgt ze al genoeg. Naast alle kritiek en alle hoon. Dan zegt ze: 'Ik ben er nu toch wel blij mee.' Drie woorden vallen tussen ons in op de tegels en stuiteren rond als in een flipperkast. Nu. Toch. Wel. Nu. Toch. Wel.

'Geniet er maar van,' zeg ik zonnig. 'Voor je het weet, zit die kleine op een brommer!' Ze knikt en lacht.

Ik oefen met Seth. 'Zeg maar da-ag!' Ik zwengel zijn arm heen en weer. Een onvoldoende voor zwaaien. Daar wil ik wel wakker van liggen. Niet van die ogen. Niet van 'nu toch wel'.

Oom is te laat. Veel te laat. Hij heeft drie keer een afslag gemist en al een paar keer gebeld. Hopeloos. Wij zijn allemaal op tijd en zitten in een kring. Zijn mama heeft ons niet voor niets schriftelijk uitgenodigd en nadrukkelijk gesteld dat 'het taartmoment' plaats zal vinden om veertien stip dertig uur precies. Seth Rutger wordt namelijk één jaar oud. Hij zit in zijn kinderstoel en kijkt vanonder een diepe frons de wereld in. Aan het plafond hangen ballonnen en slingers. Iedereen die langs loopt, kan aan de raamversiering zien dat hier iets bijzonders gebeurt. En om alle misverstanden te voorkomen is ook de kinderstoel voorzien van vlaggetjes. Seth begint zijn onderlip naar voren te werken. Hij pakt zijn speen en sabbelt. Zelfgekozen troost. In de keuken klopt zijn papa de slagroom. Zijn mama maakt de zelfgemaakte kwarktaart los van de taartvorm en laat hem op een schotel glijden. Perfect. Alles is perfect. Alleen die oom. Waar blijft die oom.

Een opa filmt. Een opa fotografeert. Een opa kijkt toe. Dit kleinkind heeft een voordeelverpakking grootouders en evenzoveel cadeaus om uit te pakken. Maar eerst, eerst moet het feestvarken met zijn mama een kaarsje uitblazen. Daarna dient hij zich vol energie op een punt kwarktaart te werpen die voorzien is van een laag slagroom. Daar kunnen de opa's dan weer foto's en film van maken. Perfect.

'Het is veertien uur dertig,' meldt de opa met de filmcamera. Waar blijft de oom. Seth spuugt de speen uit en trekt alweer een lip.

'Dat kind is doodmoe,' ziet een oma.

'We doen het kaarsje maar,' besluit zijn mama. Ze komt zingend op hem af.

'Er is er een jarig, hoera...' Wij vallen in. De jarige schrikt er zichtbaar van. Hij gooit zijn hoofd in zijn nek en krijst. We dimmen enigszins. Dit was onze bedoeling niet. Schuldig kijken we elkaar aan. Zong ik het hardst? Nou ja, ik deed wel enthousiast mee. Dat beken ik. Maar ik heb dan ook weken geoefend op het 'Hieperdepiep, HOERA!' met twee armpjes in de lucht. Ik was vol vertrouwen dat Seth deze wereldtruc op dit uitgelezen moment vlekkeloos zou herhalen. Dat vertrouwen neemt iets af. Het gezang eindigt in geneurie en van een finale is nauwelijks sprake. Seth herademt als iedereen zwijgt. Maar als zijn mama het kaarsvlammetje uitblaast en hem probeert te verleiden wat slagroom te eten, begint hij weer hartstochtelijk te snikken.

'Hij heeft koorts,' stelt een opa met ervaren handoplegging vast. 'Ach gut,' zuchten de oma's. De tantes delen taart. Zijn mama draagt haar zoon naar zijn slaapkamertje. Dan is alles stil. Wij eten taart. Die is perfect. En we doen de cadeautjes. Een opa doet er twee uur over om het door hem meegebrachte driewielertje in elkaar te schroeven. Een andere opa is in vijf minuten klaar met een duwkar en de derde opa heeft het cadeau achter een stoel gemoffeld om de jarige op een ander tijdstip mee te verrassen. De mama van Seth, mijn middelste dochter, maakt nog twee pakjes open en krijgt dan een huilbui. De werkelijkheid is zo anders dan haar perfecte verjaardagsplanning, dat de teleurstelling er met liters tegelijk uitkomt.

Dan arriveert de laatste oom. Hij informeert luidruchtig: 'Waar is de jarige?'

'Sssssst!' sissen wij. Seth wordt wakker. Wie het laatst komt, geeft het laatste cadeau. Een soort ark van Noach. Met veel kleur, licht en geluid. Seth kraait. Grijnst. Lacht. Doet twee armpjes in de lucht. Hoera! Wat een cadeau van die oom.

En wat een timing.

Perfect.

'Buggy, in!' De papa van Seth geeft de tramconductrice een stralende glimlach. Zoveel begrip voor jonge vaders ontmoet hij maar zelden in de overvolle hoofdstad. En zo'n dagje dierentuin met vrouw en zoon gaat niet in je koude kleren zitten. Aan zijn vingers kleeft vaag de herinnering aan het dieptepunt van de dag: een tandenluier ter hoogte van de ijsberen terwijl hij net het allerlaatste billendoekje had gebruikt om de restanten van een koekje van 's zoons wangen te poetsen.

Hij kijkt nog even verontschuldigend én triomfantelijk naar de wachtende reizigers om hem heen en duwt de wandelwagen de overvolle tram in.

'Buggy in!' Een vinger wijst vanuit het hokje. Op en neer. Met tekst. 'In... klappen!' De glimlach maakt plaats voor verbijstering.

'Het is geen buggy! Het is een wandelwagen! Een bak. Met een onderstel. En een boodschappennet en een luiertas en een slapend kind. Hoe wil je dat ik...' De conductrice heeft geen boodschap aan discussie. Het is druk in de tram. Ze gebiedt: 'Anders kom je er niet in.' Punt. Einde mededeling.

Seth heeft een lieve papa. Maar zijn mama reist dagelijks met het openbaar vervoer en heeft door jarenlange ervaring een enorme woede opgebouwd tegen alles wat rijdt en waar je een kaartje voor moet kopen.

'Rij door,' sist ze tegen haar echtgenoot. En tegen de conductrice: 'Wat moet je nou? We gaan toch niet twee keer zoveel ruimte innemen met een wandelwagenbak en een onderstel en een tas en dan nog een keertje met een slapend kind in onze armen? Terwijl we nergens kunnen zitten en alles vast moeten houden omdat het anders gejat wordt? Je bent zeker niet helemaal goed bij je hoofd.'

'Het is voor uw eigen veiligheid,' probeert een oudere dame met een rollator te sussen.

'Dan zou u uw rollator op moeten vouwen. Dat zou uw veiligheid ook aanmerkelijk bevorderen,' bijt Seths mama. Taalvaardigheid was duidelijk een onderdeel van haar opvoeding. Daar ben ik zeer in geslaagd. Woedebeheersing is een stuk minder gelukt. Ben ik zelf ook niet zo goed in. Als de tramconductrice haar armen over elkaar slaat en meedeelt: 'Dan gaan we niet rijden,' krijgt ze alle Amsterdamse scheldwoorden over haar heen die Seths mama de afgelopen jaren heeft gemompeld bij de zoveelste gemiste bus en vertraagde trein, maar die ze nu hardop over de Plantage Middenlaan laat rollen.

Seths papa kiest eieren voor zijn geld. Hij rijdt de wagen achteruit de tram uit en zegt: 'We gaan lopen.'

Dochter blaast stoom af door de telefoon. 'We hebben het nog eens opgemeten, maar die wagen neemt ingeklapt net zoveel ruimte in. Hij is alleen plat. Alsof dat iets het scheelt in een tram! En dan de hele weg staan met een slapend kind op je arm... levensgevaarlijk! Ik kook nog steeds van woede.'

Ik heb de regels maar eens opgezocht. Er mag één kinderwagen uitgeklapt mee. Een kinderwagen wordt gezien als handbagage en dat mag geweigerd worden als er gevaar of hinder door ontstaat. Dus moet je inklappen of wachten op de volgende tram. Consument en Veiligheid raadt overigens aan kinderen in de wagen te laten zitten en die haaks op de rijrichting te plaatsen. Een klein kind op schoot is volgens die organisatie heel onveilig. En wie in een volle rijdende tram met een slapend kind op zijn arm gaat staan, vraagt bijna om ongelukken. Lang leve het openbaar vervoer. Morgen ga ik met Seth naar de dierentuin. Lekker met de auto.

'Dag man!' Twee armpjes strekken zich. Een brede grijns verraadt zes tandjes en in iedere wang plooit zich de perfecte kuil. Het is nog donker als kleinzoon zich vanaf de arm van zijn papa in de mijne stort. Zijn vader duwt wandelwagen naar binnen, verexcuseert zich voor de blubber in de bandprofielen en schuift de luiertas er achteraan.

'Haast,' mompelt hij. Bazen die klok kunnen kijken staan een goed gesprek zeer in de weg. Hij rent naar zijn auto om vervolgens langdurig in de file te gaan staan en te laat op zijn werk te verschijnen. Seth en ik zwaaien hem na door het keukenraam.

'Nou ja, wij samen kunnen het natuurlijk overal over hebben, nietwaar?' open ik. Seth keuvelt terug. Klank, intonatie en gebaar verraden een talig kind. We babbelen wat af. Tot hij in zijn handjes klapt. Dan zing ik: 'Klap eens in je handjes...', waarop hij goedkeurend knikt. Dat doe ik al heel aardig, vindt hij. Andersom werkt het ook. Ik zet in: 'Klap eens in je handjes...', en Seth klapt een paar keer. Dat hebben we elkaar goed bijgebracht. Toch heb ik de indruk dat hij mij meer heeft geleerd dan ik hem. Als hij mijn knieën vastpakt, til ik hem op. Doe ik dat niet snel genoeg, dan knijpt hij in het vel van mijn bovenbeen en voldoe ik alsnog aan zijn woordloze verzoek. Als hij Meneer Slappe Beer pakt en zijn speen in z'n mond stopt, breng ik hem naar bed. Dan laat hij zich met een tevreden grijns in zijn slaapzak wurmen en gooit zich op zijn buik. De dag verloopt langs vaste rituelen. Tijdens de wandeling voer ik op zijn aanwijzingen oud brood aan eendjes en meeuwen. Na de melkfles wijst hij naar het portret van Laska dat Walty ooit voor ons maakte, waarop ik zing: 'Hondje waf!' In de middag gebaart hij naar tekenpapier en wasco, dus maken we samen een grote tekening.

'Was hij nog stout?' vraagt dochter vaak genoeg. Verbazingwekkende vraag. Seth is nooit stout. Hij heeft mij veel te goed opgevoed. Ik doe precies wat hij wil. Als hij een paar keer achter elkaar een aanval doet op de waxinelichtjes op de salontafel, wil hij met mij een boekje lezen. Dus dat ga ik braaf doen. Als hij het keukenkastje openmaakt en aan de borden gaat zitten, is het hoog tijd om torens te bouwen met de blokken. En als hij de wascokrijtjes in zijn mond stopt, is de tekening klaar. Dan ruim ik alles op.

'Bij Greet is ie ook nooit stout,' verzucht dochter moedeloos. Nee, dat haalt je de koekoek. Oma Greet is waarschijnlijk ook totaal geconditioneerd door dat kleine mannetje. Ze is door Seth net zo streng opgevoed als ik.

'Ik denk aan een stoutplek. Twee keer waarschuwen en dan op de stoutplek. Bij Birgit werkt het ook prima,' vertelt dochter. Birgit is de dochter van een vriendin en de twee mama's overleggen regelmatig hoe ze hun wurmen in het gareel kunnen krijgen.

'Een stoutplek...' herhaal ik onthutst. Och hemel. Dochter knikt. 'Een placemat. Dan kan ik er hier ook een neerleggen. En eentje bij Greet. Dan is het voor hem overal hetzelfde.' In gedachten zie ik Seth zitten, in zijn eigen huis, op de stoutplek. Tot hij de opvoedkundige boodschap van zijn papa en mama begrijpt. Geen gek idee, wellicht. Maar wat moet Greet en wat moet ik? Ik zie ons al zitten op die placemat. Tot we er van ons kleinkind weer af mogen.

'Seth heeft zijn eerste stapjes gezet bij oma Greet!' De melding komt van dochter. Ze kijkt alsof ze nu zeker weet dat dit kind wereldberoemd zal worden. Hij kan lopen! Ik doe wat oma's doen. Ik kir mee, klap in mijn handen, wiebel met mijn hoofd en mompel verrukt: 'Het is niet waar!'

'Seth heeft voor het eerst uit een gewone beker gedronken bij oma Greet!' Herhaling van het hele ritueel, inclusief mijn gekir. 'Hij heeft voor het eerst op de slee gezeten bij oma Greet!' Klapperdeklapperdeklap. Dat ben ik. Ik applaudisseer. En ik bouw langzaam een intense weerstand op tegen zinnen die beginnen met 'Seth heeft voor het eerst...' en die eindigen met '...bij oma Greet'. Dat niet alleen. Ik krijg gewoon een intense hekel aan die hele oma Greet. Waarom doet kleinzoon van alles het eerst bij haar? Waarom heeft zij de primeur van iedere ontwikkeling? Waarom?

De bel gaat. Het is oppasdag. Het kleine mannetje waar het allemaal om gaat, steekt handjes naar me uit en gooit zich zo van de arm van zijn papa in de mijne. 'Ha man!' Ik krijg een stralende glimlach van oor tot oor inclusief twee wangkuiltjes.

We zwaaien zijn papa uit, zingen 'in de mane-schijn', prakken een vruchtenhap, vullen een bad, plenzen het aanrecht onder, zingen het lied van Alfred J. Kwak, laten de opwindvogeltjes in het kooitje zingen, bouwen een toren, gooien hem om, kortom, we hebben het hartstikke druk.

Na de middagslaap wil Seth geen brood. Hij gooit twee keer zijn bord om, smijt zijn beker er achteraan en gooit krijsend zijn hoofd achterover als ik een stukje brood naar binnen wil proppen. De boodschap is duidelijk. Dan maar niet. Hij krijgt zijn speen om te bedaren en speelt al snel op de keukenvloer met een aardappelschilmandje en een pollepel, terwijl ik de vaatwasser vul.

Dan is er dat geluid. Ik herken dat geluid. Ik kijk om. Kleinkind opent zijn mond. De eerste golf lanceert de speen tot halverwege de keuken en de tweede golf stuwt hem tot vlak voor de grenen buffetkast. Ik kijk zwijgend toe. Twee golven. Meer komt er niet, dat is duidelijk. Ik kan me ook moeilijk voorstellen dat er nog iets in zijn maag zit. Seth kijkt me een beetje verbaasd aan. Hij vormt een morsig eilandje te midden van een poel braaksel. Hij krabt even nadenkend met een handje op zijn kruin. Door die handeling zit hij nu letterlijk van top tot teen onder. Hij buigt voorover, vist zijn speen uit de plas en stopt hem zonder een moment te aarzelen in zijn mond. Dan maakt hij aanstalten om de kamer in te kruipen. Dus kan ik echt niet langer toekijken en piekeren hoe ik dat kind schoon krijg zonder dat ik zelf van top tot teen onder kom te zitten. Hier is haast geboden! Ik ruk een stapel theedoeken uit de kast en begin een pad te plaveien.

Twee waszakken vol uitgespoelde doeken en kleren later zitten we er weer toonbaar bij. Ik ben nu net zo groenig om mijn neus als mijn kleinkind, want er was toch nog een derde golf gekomen. Met sommige golven heb je niks aan een luier. De gedenkwaardige inhoud kwam tot ver boven zijn eerste nekwervel.

Als dochter haar zoon aan het eind van de dag in haar armen neemt en troost na dit barre avontuur, lacht ze naar mij: 'Da's jouw primeur, mam! Seth heeft voor het eerst gespuugd. Bij oma Marjan!'

Er is niet echt competitie natuurlijk. Ik vind Greet hartstikke lief. Maar toch... Seth geeft me nooit een kusje als hij binnenkomt. Dan zegt dochter: 'Geef oma eens netjes een kusje!' Dan brom ik meteen: 'Welnee. Dat hoeft niet hoor.' Daarna lopen Seth en ik elkaar een beetje stoer te negeren.

Netjes een kusje geven... Is er iets ergers? Ik moest vroeger ome Jan netjes een kusje geven. Die zat achterovergeleund in een luie stoel en droeg een broek met een knoopgulp. Die gulp was enorm lang. Dat moest wel, want daaronder had ome Jan een buik alsof hij een Skippybal had ingeslikt. De broek werd omhoog gehouden door twee super-korte bretels.

'Geef oom Jan even een kusje,' porde mijn moeder dan. Vervolgens trok oom Jan mij met mijn magere lijf over al die knoopjes heen naar boven, zodat ik zijn slordig geschoren wang kon kussen. Daarna liet hij mij weer zakken. En dan lachte hij kakelend.

Zo'n afschuwelijke jeugdherinnering wil ik Seth graag besparen. Maar als we op visite zijn bij dochter en schoonzoon, kijk ik argwanend toe als Greet arriveert. Geeft hij haar wel een kus? En ik ben helemaal opgelucht als ie dat weigert. Mooi.

Kinderachtig.

Ik weet het.

En nog erger: ik ben helemaal gelukkig als hij halverwege de visite even tegen mijn knie komt aanleunen. Zoals een hond doet; zijn volle gewicht tegen je onderbeen. Hmmm.

'Seth, heb je nieuwe schoenen?' Klein mannetje paradeert onder me door met een passie die America's Next Top Model niet zou misstaan.

'Ja.' Hij laat zich op zijn gat ploffen en pakt zijn voet om te controleren of dat antwoord klopt. Nou en of. Nieuwe schoenen. Waarmee je ook op de stoep kan lopen. Da's nog eens andere koek dan zachte sloffen. Ik krijg een stralende glimlach met maar liefst zes tanden en twee kiezen.

'Hij snapt het,' fluister ik onder de indruk. Zijn papa knikt trots. Dit kind is briljant. Onderwijl heeft Seth een veter losgemaakt en de neus van zijn schoen in zijn mond gestopt. Trots maakt razendsnel plaats voor afschuw. Ik ben niet gauw ergens vies van, maar een schoen in je mond is niet verstandig. Te meer daar ik gisteren met een boterhamzakje hondenpoep van mijn straatje heb geraapt. Er lag een rijtje drolletjes, van mijn voordeur tot aan de stoeprand. Alsof iemand een hondje aan een lange lijn bij mijn deur had weggetrokken terwijl het net lekker bezig was. En dus gehurkt een spoor van vervuiling achterliet. Omdat het anonieme baasje niet met een zakje terugkwam om de bende weg te werken, moest ik zelf aan de slag. En nu zit mijn kleinkind zijn zolen af te likken.

'O bah!' zeg ik. Ik pak de schoen af en voeg toe: 'Niet in je mond.' Die aanvulling lijkt me nuttig. Net was die schoen nog mooi en nu ineens vies! Dat moet verwarrend zijn voor een peuterbrein. Ik zie hem bijna denken: 'Net staat ze me nog toe te jubelen en ineens doe ik alles fout.'

'Duh,' zegt ie dan ook volkomen terecht.

Ik spreek hem niet tegen. Ik leg uit: 'Je schoen in je mond, dat is heel vies. Maar wat een mooie schoenen! Met een ster!' Ik wijs op de zijkant van zijn stappers, waar een gouden ster staat. Hij gaat er maar weer eens bij zitten om die sterren te bewonderen.

'Ja,' zegt Seth.

'Dat snapt ie ook al,' fluister ik. Zijn papa knikt

andermaal trots en vertrekt. We zwaaien hem na en doen catwalktraining. Seth stapt op zijn nieuwe stappers door de kamer, vastberaden om indruk te maken op mij en het onzichtbare modepubliek. Was Miss J. Alexander, catwalkcoach en Diva Extraordinaire hier maar. Die zou juichen! Nu applaudisseer ik in zijn plaats.

'Gaan we in bad?' vraag ik.

'Ja.' Het dringt nu pas echt tot me door: kleinzoon en ik voeren ons eerste gesprek. Het leven wordt steeds leuker. En interessanter.

'Is het water lekker? Ja? Wil je erin?'

'Ja.' Hij stapt in bad. Er gaan werelden open. Zoveel mogelijkheden! Zoveel onderwerpen! Waar moet ik beginnen. Ik kan nu alles met hem bespreken. Alles is veel. Echt enorm veel. Ik bedenk dat ik moet beginnen met alle onderwerpen die bij de opvoeding van zijn mama een beetje zijn blijven liggen. En omdat ik het toen zo druk had, is dat een hele lijst. Ik gooi er om te beginnen een Frans liedje in, want wat had ik graag mijn dochters tweetalig opgevoed. En ik vertel kleinkind over Lao Tse, die ons leerde: 'Geluk is jezelf genoeg zijn.' En hoe waar dat is.

'Ja,' zegt Seth. Hij snapt alles razendsnel. Maar zijn inbreng blijft beperkt. Hij zegt alleen maar 'ja'. Bekijk ik het misschien ietsje te optimistisch?

Ik test. 'Seth, gaan we naar bed?'

'Ja.'

Op de trap begint ie al te brullen.

Met Seth op schoot zap ik langs ontelbare netten. We blijven hangen bij een tekenfilm vol knalrode autootjes en lichtgevende gele poppetjes: Seth gooit zijn handjes in de lucht en wiebelt met zijn billen op de maat. Kleuren spatten fel van het scherm. Ik word er een beetje misselijk van en schuif wat verder naar achteren. Maar kleinkind hobbelt naar voren. Hij kijkt gefascineerd naar flitsende beelden en deint mee met schel nagesynchroniseerde discodreun.

Hoe zal hij zich later televisie herinneren? Wat zal hij later, vertederd, aan zijn kleinkinderen vertellen over vroeger? Ik vraag me steeds vaker af hoe we met die snelle verschuiving moeten omgaan. Want in mijn jeugd keek je met alle kinderen uit de buurt bij dat ene gezin dat al in het bezit was van zoiets kostbaars als een televisie. Iedere woensdagmiddag en zaterdagmiddag was het stil op straat. Ik zat met Herma, Janneman en nog een heleboel anderen bij mevrouw Hoos. We kregen halverwege een kleverig balletje uit een donkergroen snoepblikje. We griezelden om *Morgen gebeurt het* met professor Plano, zongen mee met 'Want dat bolle hoedje is de hoed van Okkie Trooy', verbaasden ons over *Vier Veren Waterval* en lachten om *Flip de tovenaarsleerling*. Oma vertelt. Allemaal in zwart-wit. Zwart-wit, oma? Daar is toch niks aan? Kind, 'Morgen gebeurt het' was zó spannend, ik durfde nauwelijks te kijken! En dat allemaal in een decor van karton. De spelers moesten af en toe een handje toesteken, anders viel alles om. En toch kloof ik al mijn nagels af. Het waren andere tijden, mijn kind.

Het waren de tijden van de grote spelshows. Alweer stil op straat, maar dan 's avonds. Mies presenteerde *Eén van de Acht*. Licht uit, spot aan! Of ze had bijzondere gasten op de bank, die ze de vreselijkste uitspraken ontlokte. Dan schokschouderde ze van het lachen. Het interview met Godfried Bomans is inmiddels een klassieker en haar overval van Joop Doderer voor *In de Hoofdrol* staat op mijn netvlies gegrift. 'Lieve mensen,' zei Mies. Dan waren we de hele avond lekker onder de pannen. Ik kan mijn kleinkinderen later vertellen over Mies, zoals zij kunnen vertellen over Linda de Mol, aan wie je kunt zien dat ze goed naar het grote voorbeeld heeft gekeken.

'En wat ziet Mies er weer prachtig uit,' zei mijn moeder dan bewonderend. Wat wisten wij van mode? Mijn mam was hardnekkig blijven steken in de periode van de handgebreide kamizooltjes en sneed met haar broodmes de neuzen van mijn degelijke molières: mijn voeten groeiden zó hard, daar kon een hardwerkend mens niet tegenop sparen. Trouwens, de zomer kwam eraan, dus ik moest maar niet zo zeuren over die prachtige nieuwe sandalen. Mies draagt Dick Holthaus, fluisterde mam. Bestaan er naast moeders die jurken naaien ook mannen die kleren ontwerpen?! Mies bracht een onbekende wereld onze huiskamer binnen, lachte ons jaar na jaar zonnig toe en werd nooit ook maar één dagje ouder.

De man die bij *Eén van de Acht* een kleurentelevisie won, vergeet ik nooit. Als ik nu de beelden terugzie, vind ik de man aandoenlijk overenthousiast. Maar destijds hadden we tranen in onze ogen. Wat een fantastische prijs! Hij krijgt zomaar een kleurentelevisie!

Zoveel herinneringen aan kindertelevisie en aan Mies. En die arme Seth moet het doen met vreselijke tekenfilmpjes. Hoewel, dan komt het: 'Laat je speelgoed staan, schuif gezellig aan...' O heerlijk. *Sesamstraat*. Laten we daar heel zuinig op zijn. En Mies een rol aanbieden in *Sesamstraat*. Dan komt alles nog goed.

De wereld is groot voor Seth. Achter ieder deurtje zit een verrassing en als hij in de tuin achter het heggetje loopt, zie ik hem soms schrikken: 'Ik ben verdwaald!' Ik doe hem in bad, lees boekjes voor en kus hem in zijn nek. En ik denk: 'Wat is mijn wereld klein.' We wandelen een stuk de dijk op en schuiven onze grens een beetje op. Dat werkt even. Maar de wereld lokt steeds dwingender. Ik moet nodig op pad.

Dus ik koop een autostoel op Marktplaats. Het gevaarte neemt een volledige zitplaats in beslag en geeft mijn autootje een heel andere uitstraling. Niet lang geleden liet ik een glimmende uitlaat monteren en ik schafte lichtmetalen velgen aan voor mijn zomerbanden. 'Heftig,' prezen mijn leerlingen. Nu ben ik oppasoma met autozitje.

Vandaag gaan we voor het eerst bij vriendin op visite.

'Zin in een grensverleggende activiteit, Seth?'

'Ja.'

Ik ren een half uur achter hem aan, wurm hem tijdens de achtervolging in een jas en twee schoenen en ik pak zijn tas met alles wat iemand van anderhalf nodig heeft als ie op pad gaat: luiers, kleren, sokken, handige schoonmaakdoekjes, tuimelbeker, speen, Meneer Slappe Beer, boekje, koekjes en een doosje rozijntjes. Met zo'n voorraad kan een volwassene een week op stap. Toch vergeet ik iets. Wat vergeet ik? Zijn buggy! Die moet mee! Hoe sleep ik dat allemaal naar de auto? In etappes. Eerst de tas en Seth, Seth mee terug, buggy ophalen, buggy proberen in te klappen, lukt niet, is nieuwe buggy, deze snap ik niet, sjongejonge, dan maar geen buggy, Seth weer mee naar de auto, in de stoel zetten, in al die riemen, zit je goed? Achter het stuur, auto starten. Mijn tas! Mijn eigen tas! Auto uitschakelen. Sleutel eruit. Seth eruit. Auto staat om de hoek en ik laat hem niet alleen in de auto zitten. Seth protesteert. Hij wil met de auto weg! Ja, we gaan zo. Kom! Nee! Seth spartelt. Wil niet gedragen worden. Wil lopen! Ja, dat schiet niet op. Dit gaat nogal lang duren. Nu zijn we pas halverwege. Oeps. Heb ik de auto wel op slot gedaan? Daar staat de luiertas. Op de stoel naast me. Eén snelle greep is genoeg. Hup! Tas gejat. Kom,

Seth. Even terug naar de auto. Ik til je. Wat is er nou? Kom! Seth brult. Ik houd hem onder mijn arm, vlug vlug. Ik wijs met autosleutel, klik klik. Hoor ik centrale vergrendeling? Nee. Niks. Zit ie dan toch al op slot? Ja. Snotverdorie. Weer terug naar huis. Ik moet mijn tas. Kom maar jongen. Kan ik meteen mijn zonnebril even pakken. Nee, we gaan niet naar binnen. Nou ja, we gaan wel naar binnen, maar niet lang. We gaan zo weer terug naar de auto. Ik moet even mijn tas pakken. Je snapt het niet hè? Kom maar! Zo. Tas. Zonnebril. Gaan we weer. Hèhè.

Vriendin woont in een drukke wijk. Ik moet een eind verderop parkeren. Loop maar mee, man. Wil je niet meer? Kom maar! Tas van Seth om mijn schouder, eigen tas om mijn schouder en Seth op mijn andere arm. Tas glijdt van schouder. Kreun. Sjor. Hijs. Seth grijpt de zonnebril van mijn neus. De fabriek heeft pauze en een man in overall lacht: 'Zo, dat is een lekkere oma!' Ik strompel langs en grijns moedig terug. Gelukkig zit vriendin al op ons te wachten in haar tuin.

Met een kopje thee.

En een vijver.

'Mam, ik ben vandaag op verjaardagsvisite geweest en het was een ramp!' Dochter aan de telefoon. Ze schetst in grote lijnen: Seth had met succes een greep gedaan in de verjaardagstaart. Die actie wierp een behoorlijke schaduw over het plaat-je 'jarige blaast in haar mooiste jurkje kaarsjes uit'. En terwijl dochter nog probeerde vruchtjes en slag-room weer een beetje op zijn plaats te krijgen, liep Seth al rond de tafel met een grote schaal vol blok-jes kaas en stukjes worst.

Ik zie er wel humor in, maar dochter klinkt wan-hopig. Er komt dan ook nog geen eind aan haar ver-slag.

'En mam, toen ik de schaal had afgepakt, vloog hij terug de kamer in, zijn vuisten vol worst en kaas. Die liet ie meteen vallen, want er kwam een bak met bitterballen uit de keuken. Hij enterde die bak. Letterlijk! Alles donderde om. Ik mopperen natuurlijk. En alweer opruimen. Zie ik hem ineens in de tuin lopen met een vol flesje bier! Daar viel ie mee om. Flesje stuk. Nee, hij heeft zich gelukkig niet gesneden.'

'Ik hoop niet dat de visite erom moest lachen,' zeg ik. Want ik vermoed sterk dat de kiem van het ge-drag van ieder kind ontstaat door de reactie van het publiek. En dit kleine mannetje is dol op applaus.

'Nee, niemand moest lachen. En ik al helemaal niet.' Ze zwijgt. Ik zwijg.

'Mam?' Ja, er wordt iets van mij verwacht. Ant-woord. Diep inzicht. Pasklare oplossingen. Of op zijn minst stapjes in die richting.

'Afleiden,' zeg ik. 'Prijzen als ie iets leuks doet. En zo kort mogelijk corrigeren als ie iets fout doet. Want negatieve aandacht is ook aandacht.' Zo, dat klinkt goed. Tevreden leun ik achterover. Maar dochter is niet onder de indruk. Dat probeert ze allemaal al. En het helpt niet.

'Hij is anders dan andere kindjes, mam! Die zitten lief en geconcentreerd met blokjes te spelen. Seth knalt ze dwars door de kamer!'

'Niet altijd,' zeg ik. Seth kan een aardig tijdje achtereen heel zoet frummelen. Tot ie er genoeg van heeft. Dan veegt ie met beide handen de speeltjes alle kanten op. Volgens mij doet ie dat uit frustratie. Het wurm heeft een plan. Een groot plan. Te groot voor een wurm. Wat hij in gedachten voor zich ziet, wil maar geen werkelijkheid worden. Dus, rats, knal! En dan zie je hem om zich heen kijken. Op zoek naar een volgend project.

'Hij begint nu ook zo te dreinen als ie iets wil,' besluit dochter met een diepe zucht. Och hemel. Zo-even had ik nog een lollig kleinkind. Nu hebben we een hooligan in de familie.

Van wie heeft ie dat?!

'Hoe was z'n papa vroeger?' vraag ik achterdochtig.

En dan herinner ik me iets. Ik zie het zo voor me. Dat kleine ondeugende koppie met die blonde haartjes. Die mond vol aarde en gras. Ik herinner me mijn ontzetting. Oudste dochter was een zoetje. Die dacht na en klom dus nooit uit ramen, in bomen, onder gammele houtstapels of bovenop auto's. Maar die middelste? De moeder van mijn kleinzoon? Met haar bezocht ik zo vaak de eerste hulp, dat ze niet meer opkeek van de truc met de handschoen. De derde keer dat een leuke broeder een rubber handschoen voor haar opblies en er met viltstift een gezichtje op tekende, riep ze: 'Die heb ik al!' En ze keek koelbloedig toe hoe een handige chirurg haar losse vingertopje weer handig vastnaaide.

Volgens verslag van schoonmoeder was de papa van Seth een rustig kind. Makkelijk en gezeglijk. Dat schiet niet op. Dan vertelt dochter: 'Schoonmoeder zelf was vroeger wel heel druk, vertelde ze.'

We zijn gered. Ik meld: 'Dan heeft hij het van haar. Van oma Greet.'

'Hij is vast heel technisch,' zeg ik, als Seth kundig het slotje op de schuifpui indrukt en het sleuteltje in zijn mond steekt. Jan vist de sleutel tussen zijn kiezen vandaan en zegt: 'Of hij wordt inbreker.' Ons kleinkind houdt van sloten, sleutels en klimmen. De combinatie biedt inderdaad perspectief voor die beroepsgroep. Bovendien breekt hij graag uit. Hij beklimt muurtjes die tot zijn neus komen, wurmt zich tussen spijlen, tijgert onder planken door en doet dat alles zo watervlug dat we vaak niet kunnen ontdekken hoe hij dat gefikst heeft. Alle uitbraakpogingen dienen ertoe zo snel mogelijk aan de waterkant te komen. Dus het kan ook nog heel goed dat hij later bij de marine gaat. Maar voorlopig kan hij niet zwemmen, dus we hebben onze handen vol. En als we hem vastbinden, brult ie.

'Ik zal blij zijn als ie wat meer snapt. Dan vertel ik hem van Haantje Pik,' verzucht ik na een volle oppasdag die aanvoelt als een trainingsdag van een sprintkampioen.

'Nee,' gruwt dochter. 'Dat laat je maar uit je hoofd! Je mag hem niet bang maken, hoor!'

'Waarom niet?' vraag ik. Dochter legt uit. Ik ben stomverbaasd. Haantje Pik mag niet meer volgens de hedendaagse pedagogische methode. Met griezelverhalen bezorg je zo'n wurm een levenslang trauma.

'Mag God nog wel? En Sinterklaas?' informeer ik. Want de boodschap is toch klip en klaar:

Wie zondigt, kan een plekje in de hemel wel op zijn buik schrijven.

Als je stout bent, brengt Sinterklaas je geen cadeautjes en ga je in de zak.

En als je te dicht bij de waterkant komt, grijpt Haantje Pik je bij je benen en trekt je de diepte in.

Deze drie duidelijke wetten uit mijn jeugd hebben me vaak in verwarring gebracht. Zo begon ik half november voor de zekerheid ook tot Sinterklaas te bidden en voelde me dan door dat tijdelijke verraad zo schuldig dat ik tot Kerst mijn dagelijkse gebed verdubbelde. Maar ik heb nooit getwijfeld aan de alomtegenwoordigheid van God, Sinterklaas en Haantje Pik en ik heb er ook geen trauma aan overgehouden. Integendeel. Alle verhalen ademden eenzelfde rechtvaardigheid: Wie goed doet, wordt uiteindelijk beloond. Al kon het soms wel akelig lang duren. Zo doorstond ik alle sprookjes zonder daar nachtmerries van te krijgen en dat is eigenlijk een groot wonder. Ik geloof niet dat kinderen die worden beschermd tegen Haantje Pik een film als *Bambi* kunnen uitzitten. Of *Sneeuwwitje*. Je moet ze een beetje wapenen.

Bovendien wil ik dat hij wegblijft bij die waterkant!

'Ik koop wel een zwemvest,' biedt dochter aan.

'Schijnveiligheid,' waarschuwt Rie me. Haar dochter lag ooit met zwemvest en al languit in een moddersloot en dreigde te verdrinken omdat het nekgedeelte haar gezichtje naar beneden drukte. Broer was gelukkig in de buurt en trok zijn zus met vest en al uit de sloot. Ze geeft me een touw mee en klittenband. 'Bind hem maar vast,' raadt ze aan. 'Hij kan beter huilen dan jij.'

Rie heeft gelijk. Mijn dochter kan me wat. Seth gaat aan een touw. En ik vertel hem over Haantje Pik. En daarna over drank. En drugs. En kinderarbeid. En loverboys. En tasjesdieven. En oorlog. En honger. En kindsoldaten. En kinderarbeid. En over de breuk tussen Tatjana en haar laatste minnaar. Je moet zo'n kind gewoon een beetje voorbereiden op de wrede werkelijkheid.

Dan maar een trauma.

'Je bent echt een kind van je moeder,' mopper ik op kleinzoon. Hij giert van het lachen en rent. Sommige kinderen besluiten al in de wieg om geen handje te geven. Dit kleine mannetje steekt uitgekookt een handje uit als ie over iets engs en hoogs moet stappen, maar daarna rukt ie zich meteen los. Avontuur beleef je in je eentje, ja! Lopen is sowieso een waanzinnige ontwikkeling in een mensenleven. Toen dit wurm zijn aarzelende eerste stappen deed, bedacht ik nog dat hij er beter aan zou doen dat hele malle plan maar meteen uit zijn hoofd te zetten. Dat gammele gewiebel leek nergens op. En waarom zou ie? Hij kroop als Mowgli, op handen en voeten. Niemand haalde hem in! Toch zette Seth zijn loopoefeningen door, tegen al mijn verwachtingen in. Hij hield al heel snel op met wiebelen en begon te rennen. Voor mijn gevoel heeft ie voor het gemak het normale wandeltempo overgeslagen. Of hij heeft die fase doorlopen in de paar minuten die het kostte om de veters van zijn eerste schoenen dicht te strikken.

'Seth, kom hier! Geef een handje!' Zijn moeder gaf ook nooit een handje. Ik was het al gauw zat en kocht een tuigje. De oudste kuierde braaf mee, de jongste zat in de buggy en daartussen liep de moeder van mijn kleinzoon, in wit leren tuigje vastgehaakt aan de wandelwagen. Om het geheel wat minder op een hondenriempje te doen lijken, had de fabrikant er kleine kaboutertjes op geborduurd. Maar het blijft een tuigje.

'Tssss, een kind in een tuigje,' siste ooit een mevrouw kwaadaardig, terwijl ze mijn jonge gezinnetje taxeerde. Ik siste terug: 'Hoeft u tenminste niet te zeggen: Tsss, een kind onder een auto!'

En net zoals zijn moeder ooit de wereld in rende, klom, klauterde, stortte, rent nu haar zoon voor me uit. Terwijl hij de meeste dingen voor het eerst aanschouwt, schrikt hij nergens van. Ha, een koe! Een schommel! Een hoop paardenpoep! Hij stormt overal op af en heeft de neiging van alles te proeven. Zijn moeder zat ooit op een wijngaardslak te kauwen. Met huis en al. Ongekookt. Geen idee waardoor ze op latere leeftijd zo kieskeurig werd. Seth staat een bosje gras uit te spugen dat hem blijkbaar niet erg smaakt.

'O, kind van je moeder,' brom ik. Hij giert en rent door. Er valt nog veel meer te ontdekken! Dan, midden op het speelplaatsje, staat hij stil. Hij kijkt naar de grond, zijn handjes op zijn rug. Ik loop naar hem toe en kijk over zijn schouder mee.

Daar ligt een goudvis.

Ik besef dat het voor Seth niet echt bijzonder kan zijn. Alles is nieuw. Daar kan nog makkelijk een goudvis bij. Maar ik sta er echt van te kijken.

'Dat is een goudvis,' zeg ik tegen mijn kleinkind. 'Hij is dood.' Kort requiem voor een goudvis, door oma met kleinkind van anderhalf. We nemen een gepaste korte stilte in acht. Dan rent Seth weer door en ik ren achter hem aan.

Als kleinkind op de wipkip hobbelt, vertel ik hem: 'Die goudvis komt vast uit een vijver. Een reiger heeft hem misschien gevangen en daarna laten vallen toen hij over het speeltuintje vloog. Dat kan. Of hij is gepakt door een kat, die toch liever brokjes met tonijn wilde. Misschien.'

De wereld zit vol vragen voor kleine kinderen. En ook voor mij. Ik loop er al een week mee rond: Waar koop ik een tuigje en waarom proefde Seth niet van die goudvis?

'Even meehelpen, Seth. Leg jij je hemd maar op de commode.' We ruimen de wasmand uit, Seth en ik. En omdat ik van mening ben dat een kind nooit te jong is om verantwoordelijkheid te dragen, laat ik hem helpen. Kinderen in Afrika zijn op zijn leeftijd al bijna verantwoordelijk voor hun jongere broertje of zusje. Dus, hup met je luie billen.

Even later hoor ik de wc doorspoelen. Het hemd kan ik nergens terugvinden.

'Seth, waar is je hemd? Heb jij het doorgespoeld? Is het daar?' Hij snapt me prima. Maar hij kijkt alsof ik hem vraag waartoe wij op aarde zijn. En hij schudt oprecht verbaasd zijn hoofd.

Voor de zekerheid gooi ik een fles ontstopper door de wc.

Als je eenmaal ja en nee kunt zeggen, kan je ook

kiezen wanneer je dat doet. En blijkbaar is dat niet gerelateerd aan waarheidsvinding. Zelfs al ben je nog een guppie.

'Het is wat ons onderscheidt van de dieren,' zegt mijn lief later, als ik hem voorleg dat ik het een wonder vind dat zo'n jong kind al staat te jokken. 'De mens heeft fantasie. Daarmee kan je een eigen waarheid scheppen.' Hij is even stil, stopt bedachtzaam een pijp waarmee hij straks op het bankje voor het huis gaat zitten en zegt dan: 'Misschien beschikt dit mannetje wel over één van de basisvaardigheden voor een loopbaan als succesvol politicus. Zo kan je het natuurlijk ook zien.'

Aan tafel met een krantje. Kopje koffie erbij. Cracker met kaas. Ultiem geluksmoment. En als alles is uitgespeld, los ik de makkelijke sudoku op. Dan ga ik aan het werk. Mijn ochtend kan niet meer stuk.

Als kleinzoon er is, bedelt hij vaak naast mijn knie om opgetild te worden. Dat wil ik best, maar Seth wil onmiddellijk iets creatiefs met die krant. Een hoedje vouwen, een prop maken die hij tot papier-maché kauwt om een spannende plastiek van te vormen, repen scheuren voor een boeiende collage, ik heb geen idee. Hij doet het onaangekondigd en erg snel. Het lijkt verdacht veel op een aanval. Dus ik roep: 'Neen, ik lees de krant.'

Ik heb een tijd geroepen: 'Oma leest de krant.' Maar daar ben ik mee gestopt, toen ik me realiseerde dat over een tijdje iedereen dat roept. Zij het met een kleine variant. Want wie leest de krant nog? Alleen oma leest nog de krant! Als we alle critici mogen geloven, kun je uit internet dezelfde kick halen als ik uit mijn regionale ochtendblad en mijn landelijke middagkrant.

Met die gedrukte krant is ineens van alles mis. Het is achterhaald, het moet anders. Er moeten mensen uit. Financiële genieën vinden ineens dat een redactie makkelijk met minder mensen kan draaien. Dan schrijven jullie de persberichten toch gewoon over? Onderzoeksjournalistiek? Opinie? Achtergronden? Ja sorry, daar is geen tijd meer voor. En journalisten kunnen makkelijk een fotootje maken met hun mobieltje. Kunnen we meteen de fotografen wegbezuinigen.

Waar is dat nu eigenlijk voor nodig? Nou, de aandeelhouders eisen rendement. De directie van het krantenconcern heeft maar één doel: de aandeelhouder tevreden houden. Want als die tevreden is, ziet de directeur dat terug in zijn eigen portemonnee. Dus: We bezuinigen op de kwaliteit van de krant. Simpel.

Minister Plasterk wil nog wel een percentage van de STER-reclame toevoegen aan de noodlijdende dagbladen. Maar eigenlijk is dat onzinnig. Dat geld gaat indirect naar aandeelhouders die zich niet kunnen voegen in een tegenvallende winstprognose. Terwijl er maar één ding is dat je normaal gesproken moet doen als een prognose tegenvalt en dat is doodeenvoudig je verwachting iets bijstellen! Dan is de teleurstelling namelijk niet zo groot.

Ik vind het ook zo vreemd dat je als aandeelhouder van een krant geld wilt zien. Als ik aandelen had in een dagblad, dan zou ik boeiend nieuws willen. Ik opteer voor spannende reportages, dramatische achtergronden, ontroerende diepte-interviews en goed gefundeerde onderzoeken. Ik wil gedreven journalisten, ervaren redacteuren, enthousiaste medewerkers en fotografen die altijd vooraan staan. Ik wil ook graag cartoons en Seth wil straks vast af en toe een kleurplaat en een leuk kinderverhaaltje. Of een handleiding voor het vouwen van een hoed. Dat is nog eens hoog rendement! Maar ik ben geen aandeelhouder van de krant. Ik ben maar een abonnee. Die telt in de wereld van het geld totaal niet mee.

Als ze klaar zijn met hun bezuinigingsronde, kun je de krant ook makkelijk inruilen voor internet. Want dan is alles wat een krant zo bijzonder maakt wegbezuinigd en teruggebracht tot de snelle nieuwshap zoals die op internet wordt gepresenteerd. Zit ik over twintig jaar met mijn cracker naast mijn laptop. Zeg ik tegen mijn kleinzoon: 'Oma las vroeger zo graag de krant. Weet je nog?'

Zegt hij: 'Ja, dat herinner ik me nog wel. Er schijnt vroeger ook een School voor Journalistiek te zijn geweest!'

Ik krijg een mailtje van Manon. Die is bezig met een krantenartikel over het drama op het kinderdagverblijf in Dendermonde in België. Daar stak een man een leidster en twee kleine kinderen dood. Nu zoekt ze reacties van oma's die hun kleinkind op een kinderdagverblijf hebben. Oma mag zeggen wat ze vindt. Vind ik wel wat? Ik vind eigenlijk niks. Ik ga altijd ijverig de pitten van mijn fornuis poetsen als er groot leed tot me doordringt. Die boen ik met van die stalen schuursponsjes tot ze glimmen. En dan bedenk ik tevreden: 'Mooi. Schoon. Dit begrijp ik tenminste.'

Maar Manon schrijft wel een heel aardig mailtje, dus ik wil best een poging wagen haar vragen te beantwoorden. Vraag 1: Wat was je eerste reactie toen je het hoorde? Och, mijn lieve schat, hetzelfde als die bij het horen van alle geweld naar weerloze slachtoffers: intens medelijden. Mijn hart verkrampt als ik denk aan die ouders, die grootouders, die kinderen, die leidsters, die broertjes en zusjes en alle andere betrokkenen. En ook als ik denk aan de ouders van die verwarde jongen die deze vreselijke daad heeft gepleegd. Zij waren al zo lang op zoek naar hulp voor hun zoon. Vergeefs. En dan gebeurt dit. Wat een wanhoop. Wat een machteloosheid. En dan grijp ik naar mijn schuursponsje. Want ik kan met dat verdriet nergens naar toe. Vraag 2: Ontstond er angst dat er hier hetzelfde zou gebeuren? Hoe ging je daarmee om? Is die angst alweer wat minder?

Nou, daar moet ik toch even over nadenken. Want ik ben helemaal niet bang. Dat is raar. Ik boen voor de afwisseling mijn gootsteen en bedenk dat ik er geen moment bij stil sta dat zoiets kan gebeuren. Die angst is zo zinloos. Er kan namelijk iedere dag weer van alles mis gaan in ons leven. We krijgen bij onze geboorte geen garantie mee dat alles gladjes zal verlopen tot we uiteindelijk op hoge leeftijd zoetjes in slaap doezelen en niet meer wakker worden. We kunnen ons niet behoeden voor ieder kwaad en alle onheil. Dat kan zomaar op je pad komen. Zelfs als je je gootsteen staat te poetsen, kan er een vliegtuig op je huis storten. We hebben de boel niet onder controle. Het enige dat ik wel onder controle heb, zijn die pitten. Dus die glimmen.

Vraag 3: Denk je dat de kans reëel is dat zoiets zich ook voltrekt in Nederland? Nee! Maar ook niet in België. Die kans is niet reëel. Die is surreëel. De kans dat Seth ooit door bliksem wordt getroffen als hij lekker op een schommel zit, is ook niet reëel. Maar het kan wel. En ook in de crèche kan van alles gebeuren. Daar kun je je nooit afdoende tegen beschermen. Of gaan we in de toekomst Sinterklaas en Zwarte Piet eerst grondig fouilleren voor we ze binnen laten? Ja, je weet maar nooit! En wat als een ouder ooit in waanzin iets vreselijks doet? Nee, laten we elkaar alsjeblieft niet wijsmaken dat we dat kunnen voorkomen. Want als we de illusie koesteren onze kinderen en kleinkinderen op crèches te kunnen behoeden voor dat soort kwaad, dan geven we indirect de leidsters en bestuurders van de crèche in Dendermonde de schuld van dit drama. Dat verdienen ze niet. Integendeel. Ze verdienen de bevestiging van hun onschuld en ons oprechte medeleven. Ik stop even met boenen en probeer te bedenken hoe je verder moet na zo'n groot verdriet en zoveel angst. Dan buig ik mijn hoofd. En poets door.

De klok op de Waalsdorpervlakte beiert. Wim de Bie staat op de Dam in Amsterdam en vertelt wat herdenken voor hem inhoudt. Er klinkt een trompet. Een veteraan salueert voor een monument en marcheert stram terug in de rij. Een kind schikt de linten van een grote krans vol witte bloemen. Twee minuten stil. Veel is het niet.

En ieder jaar hoop ik dat de boodschap overkomt. Dat alle geweld oplost en dat het altijd vrede zal zijn. Ik ben geen haar beter dan miss-Bloemkool, miss-Knoflook of miss-World, die bij de missverkiezing op de vraag wat ze dolgraag zou wensen, steevast antwoordt: 'Worldpeace!' Hahaha. Superonnozel. Maar in mijn hart wil ik dat ook. Graag zelfs.

Twee minuten stil. Wat stelt het voor. Als het al lachwekkend is om hardop 'worldpeace' te wensen, kunnen we dan die herdenking maar niet beter overslaan? Wat voor verschil maken twee minuten stilte? Is dat niet volstrekt zinloos?

En toch, toch zijn er momenten die zin geven aan twee minuten stilte. Momenten die ik nooit vergeet. Er is bijvoorbeeld die keer dat ik met een groep leerlingen op werkweek Margraten bezoek. Onafzienbare rijen kruizen doorsnijden het onberispelijk geschoren gazon. Leraar Economie vertelt, legt uit, schildert de invasie en de opmars aan de hand van de plaquette, voordat we het 26 hectare grote kerkhof betreden. Naast me loopt Johnnie. Hij heeft een petje over zijn kaalgeschoren koppie getrokken en is onlangs nog geschorst geweest omdat ie met een vulpen een hakenkruis zat te tatoeëren in zijn onderarm.

'Allejezus, wat veel,' fluistert hij, diep onder de indruk.

'8.301,' fluister ik terug. Want dat heb ik net gelezen in een folder. 'De meesten maar een paar jaar ouder dan jij. In veertig gevallen liggen er twee broers naast elkaar.' Die boodschap komt aan. Johnny fluistert een vloek. Grijpt naar zijn hoofd. En doet zijn petje af.

Er is nog zo'n moment. Ik rijd langs de Zeeweg in Bloemendaal en besluit ineens af te slaan naar de Erebegraafplaats. Waarom? Ik weet het niet. Het is vroeg in het jaar. Een waterig zonnetje lokt wat aarzelend groen naar boven. In vak 34 lees ik op een gedenksteen: 'Zij volgden hun innerlijke gids'. De vlag wappert hoog boven mijn hoofd, een meeuw krijst. Verder is het stil, heel stil. Ik sta bij het graf van Jannetje Johanna Schaft, 16 september 1920 – 17 april 1945. Daaronder staat heel eenvoudig 'Zij diende'. In het besef dat er door zovelen zo groots gegeven is voor onze vrijheid, voel ik me als een wurm zo klein en machteloos. Want ik hoop, nu ik hier sta, heel intens dat al die offers niet voor niets waren. Dat we er iets van hebben geleerd. Al is het maar het besef dat dit nooit meer mag gebeuren. En nooit zou mogen gebeuren, waar ook ter wereld.

Er komt een man aanlopen met twee jonge kinderen. Jochies nog. Ze fluisteren en wijzen. Hun vader vertelt. Ik bekijk ze van een afstand. Ze hebben hun petjes af en zijn diep onder de indruk. Net als Johnnie. En ik besef ineens: Die vader geeft de boodschap door. De boodschap van twee minuten stil. Zoals mijn vader het aan mij doorgaf, ik aan mijn kinderen en mijn kinderen aan hun kinderen. Ooit zal ik met Seth twee minuten stil zijn. Om hoop te bundelen, kracht te delen en met een brok in je keel te blijven streven naar wereldvrede.

Op 4 mei om 20.00 uur geven we in twee stille minuten de simpele boodschap door: Nooit meer. Twee minuten. Zo weinig moet genoeg zijn.

'Goeiemorgen buurman! Alles goed?'
'Nee.'

Ik ben met Seth in de buggy op weg naar de brievenbus en da's een mooie gelegenheid voor praatjes. Veel dorpsbewoners willen horen wanneer ik ga verhuizen en waar naar toe. Aris Blok heeft geen boodschap aan mijn verhuisperikelen. Hij leunt op zijn hark en schudt zijn hoofd.

'Aaaaris!' Trijn roept vanuit het huis en wenkt driftig. Ik zwaai naar haar. Ze zwaait niet terug. Ze roept harder. 'Aaaaris! Hier!'

'Commandeer je hondje,' bromt hij. En naar Trijn: 'Ik kom zo!' Hij zucht vermoeid.

'Ik krijg geen minuut rust. De hele dag is het "Aris hier" en "Aris zit". Tegenwoordig weer zeven dagen in de week.' Hij heeft een kop vol diepe groeven en donkere kringen onder zijn ogen.

'Voor Trijn dus geen dagopvang meer,' raad ik meteen. Raak. Hij knikt. Snuift. Zegt dan: 'Die mensen snappen niet wat ze een ander aandoen. Weet je dat? Ze begrijpen er niks van. Ze zitten achter een bureau en zetten strepen. Huppetee. Dat bespaart weer een paar kwartjes. Maar ze komen nooit eens bij ons kijken. Ze hebben geen idee. Geen enkel idee.' Hij spuugt de laatste woorden eruit. Trijn is naar buiten gekomen en trekt aan Aris' mouw.

'Dag buurvrouw. Alles goed?' vraag ik. Ze kijkt me achterdochtig aan. Dan krijg ik een knikje. Ze ontspant iets, als ze naar Seth kijkt, maar ze houdt de mouw stevig vast.

'Zeg maar dag!' zeg ik tegen Seth. Die zwaait. Roept: 'Dag!' Trijn glimlacht. Ik vraag: 'Aris vertelt net dat u niet meer naar de dagopvang gaat?'

'Ze vond het vreselijk om die bus in te stappen.

Maar als ze er eenmaal was, had ze het reuze naar haar zin. De krant lezen, samen kaarten, een spelletje doen. Leuk hè Trijn? Zeg maar ja.'

Trijn knikt.

'Voor mij was het de redding. Ik kon lekker in de tuin rommelen. Boodschappen doen. Een middagtukkie op de bank. Even naar de bank. Of naar de kapper. Of naar de visboer. En nu?' Zijn mond vertrekt. Hij staart over het weiland.

'Hou je het vol?' vraag ik. Ik fluister het bijna. Ik zie het zo ook wel. Die man is op. Maar hij zegt: 'Natuurlijk hou ik het vol. Wat moet ik anders?' Dan haalt ie diep adem en lacht: 'Als het niet meer gaat, dan breng ik Trijn gewoon naar Den Haag. Naar die staatssecretaris die dat heeft bedacht. Hoe heet ze ook alweer? Bussemakers? Dan zeg ik: Hier heb je Trijn. Ik ga effe een harinkie halen in Scheveningen. Om een uur of zes kom ik haar weer ophalen. Hè Trijn? Heb jij een leuk uitje naar de Tweede Kamer!'

Trijn lacht mee. En ik ook. Drie matige amateurtoneelspelers in een waardeloze eenakter. En een figurant in een buggy.

'Goedemorgen, mevrouw Van den Berg. Heeft u een momentje voor me?'

'Natuurlijk,' zeg ik vriendelijk. Waar ken ik die stem van? Licht Vlaams tintje, vriendelijk, beetje slepend. Ik ken haar ergens van.

'Weet u wel dat u te veel betaalt voor uw energie?' vraagt ze. Met zo'n vraag kan je me totaal in verwarring brengen. Vraag me van wanneer tot wanneer de 80-jarige oorlog duurde, inclusief het 12-jarig bestand, of vraag me alle Bijbelboeken op te noemen. Geen punt. Maar mijn energierekening? Geen benul. Dus ik zeg oprecht verbaasd: 'Is dat zo? Hoeveel betaal ik dan?'

Het is even stil aan de andere kant. Dan zegt ze: 'Nou, dat weet ik eigenlijk niet. Maar u betaalt te veel. Want u zit bij de verkeerde energieleverancier.'

'Dus u weet niet hoeveel ik betaal?' vraag ik nog maar eens.

'Nee, dat weet ik niet.'

'Maar u presenteert het alsof u al mijn gegevens daar voor u heeft liggen,' protesteer ik.

'Nee, mevrouw. Dat heb ik niet. Ik bel u alleen maar omdat u zeventig procent meer betaalt dan wanneer u...' Ik word daar kribbig van. Wat is dat voor flauwekul. Ze beweert iets en weet eigenlijk niks. Maar ik geef haar nog één kans. Omdat ze me zo bekend voorkomt. Ik vraag haar: 'Dat weet u zeker?'

'Ja. Dat weet ik zeker,' zegt ze. Nu is het genoeg. Bekend of niet, ik heb er tabak van. Ik zeg: 'Dat weet u helemaal niet zeker. Misschien heb ik wel een windmolen in mijn achtertuin en een dak vol zonnecollectoren. Misschien gebruik ik wel helemaal geen energie en heb ik brongas uit de sloot. Waarschijnlijk gaat u uit van een gemiddeld gezin met 2,1 kind en een koelkast. Terwijl ik in een no-

madentent woon met een kleinkind en zeven boa-
constrictors. U weet helemaal niks! U weet net zo-
min hoeveel ik voor energie betaal als ik dat zelf
weet. Wij hebben beiden geen idee, mevrouw!
Geen idee! U roept maar wat. Dus waar belt u eigenlijk voor?'

'Dat weet ik niet meer,' zegt ze bedremmeld.
Ach. Ik smelt. Maar toch beëindig ik streng: 'Dan
niet meer doen, hè? Foei toch. Zomaar een beetje
mensen bellen. Dat kan toch helemaal niet. Ik wens
u verder een prettige dag.'

'Dank u wel,' zegt ze nederig.

Zo. Klaar. Tijdens het telefoongesprek heeft Seth
Rutger al zijn kleren uitgetrokken, dus het duurt
even voordat ik hem met goed fatsoen kan afleve-
ren bij zijn mama en zijn papa. Een half uurtje later
rijd ik met Seth achter in de auto op de snelweg.
Terwijl ik op de tweede baan een vrachtwagen in-
haal, roept mijn routeplanner: 'Probeer om te keren! Probeer om te keren!'

Nu weet ik het. Dat is die stem. Die mevrouw
met die Vlaamse tongval.

En ze doet het alweer. Ze roept maar wat.

'Wat een lieve hondjes, hè Seth?'
'Kom maar. Aai hem maar!'
De man knikt bemoedigend naar Seth. De Jack
Russell Terriër hangt aan zijn riempje als een wed-

strijdzeiler in de trapeze. Naast hem kwispelt een
hond die verdacht veel lijkt op een pitbull. Maar
sinds wij weten dat er over een paar weken een pup
door ons leven gaat scharrelen, moedigen we kleinkind aan tot aaien van alle rassen en soorten. Mits
de baas het goedkeurt.

'Ze doen niks,' voegt de man er bemoedigend aan
toe. Seth vindt de pitbull wel lief. En dat is ie ook. Hij
duwt zijn massieve kop tegen mijn hand en ik krie-
bel hem achter zijn oren. Als ik even doorga, gaat ie
op zijn rug liggen. Zoet beest. Niks mis mee. Aardige
man ook. Dat ie een spinnenweb in zijn nek heeft
laten tatoeëren, wil nog niet zeggen dat ie niet deugt.
Toch? De man heeft gewoon twee lieve honden. En
de ene is een Jack Russell. Die zijn nu eenmaal druk.
Dat de man twee vingers in dik verband heeft zitten,
nodigt wel uit tot flauwe grappen. Die maak ik niet.
Je moet het noodlot niet tarten, vind ik.

Seth aait de grote hond. Dan steekt ie zijn handje uit naar de Russell. Die springt meteen op. Seth
trekt verschrikt zijn hand terug.

'Dat moet je dus niet doen,' zegt de man ernstig.
'Gisteren hing ie nog in mijn vingers.'

Hè? Hoor ik dat nu goed? Ik scherm Seth meteen
een beetje af en bekijk wijs- en middelvinger van de
man. Die heeft ie omhoog gestoken ter illustratie.
Er zit groezelig verband om.

'Hij heeft zelfs mijn bot gebroken. Vanmiddag
moet ik weer naar het ziekenhuis. Dan spoelen ze
het vuil eruit.'

'Ja, het zijn nare beten, hè, hondenbeten,' knik ik. Ik heb mijn arm nu volledig voor Seth, die begint te piepen omdat hij dat lieve hondje wil aaien.

'Ik haalde een kippenbotje uit zijn bek. Dat had ik natuurlijk niet moeten doen. Rang! Hangt ie zo in mijn vingers.'

'Dat verwacht je toch niet,' zeg ik meelevend. 'Kom, we stappen weer door.'

Seth spartelt aan mijn uitgestoken arm.

'Hond! Hond!' roept ie.

'Het zal wel pijn doen vanmiddag,' zucht de man.

'Nou. Veel sterkte alvast.'

'Bedankt,' zegt de man. 'Gelukkig hoefde ik geen tetanusprik. Die had ik nog van de vorige beet. Van haar.' Hij wijst naar de grote hond.

'Dat scheelt toch weer,' knik ik. 'Zeg maar: Dag meneer! Dag hondjes!'

We rennen.

'En dat is het kindje...?'
'Seth. Met oma.'

Seth gooit zich woest achterover en krijst het plafond eraf. De dokter kijkt over haar glimmende montuur kritisch toe en vraagt: 'Waren de ouders verhinderd?'

'Ja. Werk.' Ik heb weinig tekst. We waren een uur lang onderweg, Seth en ik, om op tijd te komen voor onze afspraak bij het peuterbureau. Seth sliep heerlijk, ik moest hem wakker porren.

'Seth! Zal oma je dragen?'

'Nee!' Favoriet woord van tweejarige puberpeuters. 'Nee!' Hij loopt naast me en snikt de hele weg: 'Auto!'

'Straks,' beloof ik. 'Even naar de dokter.'

'Nee!'

Het is koud in het zaaltje. Seths voetjes kleuren blauw op het kille linoleum. Tien minuten later wil hij wel graag bij me op schoot, in zijn warme baddoek. Met zijn speen. Voor troost. Nu hebben we samen uitzicht op de dokter, die iets bijwerkt in de computer. Na een kwartier zeg ik: 'We zullen maar wat kleertjes gaan aantrekken. Het wordt zó koud.' Dat hoort de dokter ook en dat is precies de bedoeling. We mogen binnen komen.

Er is een lijst met vragen die mijn dochter heeft ingevuld. Ik krijg te horen dat het Seths taalontwikkeling zal bevorderen als hij geen speen meer krijgt.

'Die is normaal gesproken alleen voor in zijn bedje. Maar hij was nu zo zielig, midden in zijn middagslaap,' leg ik uit.

'Tja, wij werken gewoon van negen tot vijf,' zegt de dokter. 'En geen tuitbeker en geen papfles voor ontbijt. Niet goed voor zijn mondspieren.'

'Mijn meiden kregen ook een papfles,' begin ik. Een makkelijk en stevig ontbijt. En een stevige bodem aan het begin van de dag. Jaren stond ik voor klassen vol kinderen die 's ochtends niks hadden gegeten. Om tien uur donderden ze uit hun bank en om kwart over tien zaten ze aan een enorme zak chips. Lang leve de papfles.

De dokter glimlacht, zwijgt en laat Seth blokjes stapelen. Dat doet hij snel. Dan smijt hij ze voor de zekerheid op de grond. Want hij heeft geen zin om dat kunstje nog een keer te doen. Als de dokter met een lichtje in zijn ogen schijnt, knijpt hij ze dicht. De stethoscoop pakt hij kalm af en legt hij opzij. Buiten haar bereik. Op de weegschaal wil hij niet en gemeten worden? Geen denken aan.

'Auto!' eist hij.

'Maakt hij ook combinaties van woorden?' vraagt de dokter.

'Oma, auto!' commandeert Seth.

'Knap hè?' zeg ik. 'En zo duidelijk.'

Seths taalontwikkeling verloopt in sprongen. Hij juicht: 'Kaka!' iedere keer als hij een tractor ziet.

Dan beamen wij braaf: 'Wat een mooie tractor, hè? Nou zeg!' Of: 'Dat is een grote trekker! Een rode!' Daarmee voegen we een interessant detail toe: kleur. Bovendien krijgt hij twee woorden mee voor tractor. Opa en ik knikken elkaar tevreden toe. Dat doen wij goed! Ooit vertellen wij over Massey Ferguson en over Fendt en over John Deere. Ooit nemen we hem mee naar een tractorpulling-evenement en we verheugen ons nu al op zijn koppie als hij die monsters aanschouwt. Maar nooit, nooit, nooit herhalen wij het kromme 'kaka'.

Tot we samen in de auto zitten en een enorme tractor van een erf zien rijden. Dan verzuchten wij synchroon: 'Wow, wat een grote kaka!'

'Mijn gastouder gaat ermee stoppen. Door de nieuwe regels. Weet jij iemand?'

Voor me staat Pam. Lerares wiskunde. Haar Fleur kijkt naar me op, een engel van twee met blonde pijpenkrullen. Tot 1 januari had Fleur een lieve oppas in huis. Die kwam twee dagen in de week bij haar en nam haar eigen zoontje van 2 jaar mee. Ze liet de hond uit, deed nog wat licht huishoudelijk werk dat Pam extra betaalde, en kookte voor iedereen, zodat ze aan het eind van de dag samen aten. Briljant geregeld.

Alleen heeft de lieve oppas ook nog oppaskindjes waar ze in haar eigen huis op past. Ze heeft alle diploma's in huis en mag naast haar zoontje vier andere kinderen opvangen onder de vier jaar. Ze voldoet aan alle eisen. Behalve aan één eis: ze mag maar op één locatie werken. Dus heeft ze een keus gemaakt. Vanaf 1 januari werkt ze alleen nog in haar eigen huis. Wel zo makkelijk. Dus heeft ze Pam meegedeeld dat ze helaas niet meer op Fleur komt passen. Bij haar thuis is op die drie dagen geen plek. Als Pam op de andere twee dagen een plekje wil voor Fleur, moet ze dat maar gauw zeggen.

Dat wilde Pam niet. Die had liever oppas in huis en zag na een lange schooldag uit naar eten dat al op tafel stond en een hond die rustig in zijn mand lag. Inmiddels zit de lieve oppas alle dagen volgeboekt. Want de vraag naar opvang is veel groter dan het aanbod. Daar kwam Pam iets te laat achter.

'Ik ben wanhopig,' zegt ze. 'Geen enkele officiële opvang in de buurt heeft plek. Er zijn lange wachtlijsten door de nieuwe regels. En iemand in huis kan ik nu alleen maar krijgen als ik de hoofdprijs betaal. Zwart. Zonder diploma's. Dus zonder kinderopvangtoeslag. Dan gaat vrijwel mijn hele salaris naar de oppas. Kan ik net zo goed mijn baan opzeggen.'

Op dinsdag pas ik op Seth. Ik heb een pup van 12 weken. Kan daar nog een engeltje bij? Het is die dag toch afzien. Pam ziet mijn aarzeling. Ze zegt: 'Het is voor twee dagen. Dinsdag en donderdag.'

Juist. Dat lukt niet. Jammer. Ik beloof haar dat ik overal zal pleiten voor goede, betaalbare reguliere kinderopvang. Meer kan ik niet doen. En Pam? Die zegt haar baan op. Het onderwijs heeft met ingang van komend schooljaar een docent wiskunde minder.

'Ik heb heel lang geleefd met het idee dat we nooit doodgaan.' Het is een wat wonderlijke mededeling aan groenteman Wabe. Tweemaal per week komt ie aan de deur met zijn groentekar. 'Ja. Dat

ken ik,' knikt hij. Hoe komen we op dit onder-
werp? Ik heb een kilo uien op mijn boodschappenlijstje. En mandarijntjes. En ineens delen we de
herinnering aan het gevoel dat je hebt als je nog
jong bent: zo'n voorraad toekomst dat er nooit een
einde aan lijkt te komen en maar zo'n pietsie verle-
den dat je er niet wakker van hoeft te liggen. Wabe
kijkt bedachtzaam in de verte en zet met één hand
zijn ronde blauwe gebreide mutsje iets rechter op
zijn hoofd. Dan zegt ie: 'Ik was dat gevoel iets te
snel kwijt.'

In mijn hoofd draait een boodschappenlijstje.
Sinaasappels, denk ik. En laat ik die uien niet vergeten.

'Twee kinderen en een kleinkind,' zegt Wabe.

Het boodschappenlijstje is uit mijn hoofd verdwenen. Ik luister en Wabe vertelt. Van baby Floris,
die geopereerd moest worden. Er kwam een infec-
tie bij. Binnen een dag was de kleine jongen er niet
meer. Hij vertelt van kleinzoon Robin, negen
maanden oud, die overleed aan een zware epilepti-
sche aanval.

'En mijn dochter Marit. Vijftien jaar. Kanker.' Hij
glimlacht triest. Vouwt zijn hand om het blauwe
mutsje, neemt het af en zegt: 'Dit heeft ze voor me
gebreid toen ze in het VU-ziekenhuis lag. Ik draag
het elke dag. Ik ga ermee de kist in.'

Wat een verdriet. Wat een enorm verdriet.

'Ze overleed op de verjaardag van mijn jongste
dochter Floor,' vertelt hij. 'Zij heeft haar dochter

naar Marit vernoemd. Mijn kleindochter heet Mare. Prachtig hè?' Wabe plant het mutsje weer op zijn hoofd en pakt het opschrijfboekje, waarin hij klanten noteert die hem geld schuldig zijn. Achterin het boekje zit een stapeltje foto's.

'Kijk. Mijn kleinkinderen. Mare, Matthijs en Fabian,' zegt hij trots. Op alle foto's stralen plaatjes van kinderen met rode wangen en glinsterende ogen.

'Je hebt ze iedere dag bij je,' glimlach ik.

'Ja,' zegt hij tevreden. Hij klapt het boekje dicht en legt het weg.

'Allemaal,' voegt hij er aan toe. We schrapen allebei onze keel.

Dan vraagt Wabe: 'Sinaasappels?'

'Graag,' knik ik. 'En een kilo uien.'

Een jaar geen hond. Hoe houden we het vol? En alle dingen die we eindelijk kunnen doen, doen we niet. We maken geen stedentripjes, gaan niet vaker naar het theater en zien geen enkel voordeel aan een hondloos bestaan. Integendeel.

We worden dik. Want we lopen niet alleen minder, we stofzuigen ook lang niet zo vaak meer.

Labrador Bente heet officieel Wishstone A Kind of Magic. We halen haar op uit een klein dorp ergens op de grens tussen Drente en Groningen. Ze is blond, mollig en ze ruikt naar pup. Ik zit de hele weg op de achterbank met haar op schoot intens gelukkig te snuffelen aan dat zachte warme hoopje hond. Als we op de Afsluitdijk rijden, gaat de zon onder in de mooiste kleuren die er bestaan en op de autoradio zingt Queen 'It's A Kind of Magic'. De tranen lopen over mijn wangen.

Wie heeft bedacht dat het ideale plaatje bestaat uit een gezinnetje met kleine kinderen en een labradorpup? Een idioot.

Seth is niet opgevoed en Bente ook niet. En ze zijn allebei nog niet zindelijk.

'Bente, foei!' Ik vis een half opgekauwde plastic tractor uit Bentes bek.

'Oma!' brult Seth. Bente hangt met haar puppentanden in zijn sok. De striemen van haar nageltjes staan op zijn benen.

'Niet doen, Seth,' snauw ik, als hij probeert of je een hondje aan een staart kan optillen.

'Hoog!' gil ik, als Seth met een broodje door de tuin loopt. Bente gaat daar in galop op af, springt, neemt in de sprong het broodje mee en werpt Seth tegen de vlakte.

'Het is geen doen,' verzucht ik tegen mijn lief en verantwoordelijk opa.

Er komt een plan.

Hoofdregel: Alleen eten en drinken aan tafel. Niks geven aan Bente.

Deze regel werkt niet. Seth morst en Bente zit onder de stoel met haar bek open. Bovendien heeft zo'n klein kereltje snel door dat je alle ongewenste stukjes broccoli makkelijk in een hondenbek kunt laten verdwijnen. Al snel verandert de regel in: 'Alleen eten aan tafel en met hond in de bench.' Bente, die al een tijdje denkt dat haar achternaam 'Foei' is, begint nu te twijfelen. Is mijn achternaam soms 'Plaats'? Ze ruilt de naam graag in, want bij het commando 'Plaats' hoort een snoepje en bij 'Foei' niet.

Subregel: Bente mag niet spelen met het speelgoed van Seth en Seth mag niet spelen met het speelgoed van Bente. Inherent aan die regel is dat oma heen en weer rent, speelgoed afpakt en net mag doen alsof ze over een oneindig geduld beschikt. Dat gaat me dus helemaal niet goed af.

'Seth, loop mee! Bente moet nog even poepen!' Ik gil tegen een kind dat luid krijsend op de asfaltweg naast de dijk is gaan zitten. Aan de riem trekt een pup, die graag haar behoefte doet dicht tegen het riet langs de waterkant. In de verte komt een auto aan. Halverwege de dijk staat de buggy, waar Seth niet in wil.

'Mooi weer,' groet een mevrouw die in haar eentje als in een vertraagde film haar veertienjarige hond uitlaat. Wat een benijdenswaardig tempo en wat een rust straalt daarvan uit.

'Een kleinkind en een pup: totale horrorcombinatie,' hijg ik terug. Ik zie haar schrikken. Die neemt zich vast voor om vanaf nu nooit meer iets tegen me te zeggen. Wat me beweegt om eraan toe te voegen: 'Je weet niet wie je liever zou willen meppen...'? Ik weet het niet. Ze zegt: 'Nou, nou.' En ze loopt in een boogje om ons heen.

'Alles goed gegaan?' vraagt mijn schoonzoon, als hij Seth ophaalt.

'Prima,' lieg ik.

Als ik die nacht in bed de ene opvlieger na de andere te verduren krijg, bedenk ik somber dat de natuur een complot heeft gesmeed tegen oudere vrouwen. Die zijn immers niet vruchtbaar meer en derhalve overbodig voor het overleven van de soort. Dus je bezorgt ze opvliegers, zodat ze de hele nacht koken van de hitte. Waarna ze op de tegels van de badkamervloer gaan liggen om af te koelen. Pas als ze steenkoud zijn, kruipen ze rillend hun bed weer in. En halverwege die wandeling pakken ze ieder virusje mee dat op de loer ligt.

Maar stel dat dat allemaal niet helpt om ze uit te roeien, dan geef je ze kleinkinderen om op te passen. En voor optimale effectiviteit doe je er een hondje bij. Onzindelijk, met scherpe puppentanden en een eigenwijs karakter. Krijgen ze het gegarandeerd van aan hun hart en op hun zenuwen.

'Ha oma!' jubelt Seth de volgende dag door de telefoon.

'Ha man!' roep ik terug.

'Hij wilde bellen met oma Bente,' legt dochter vertederd uit.

Wat lief!

Ik zing de hele dag van pret.

'Kijk Seth, wat een mooi steentje!'
Seth doet wat kindertjes van die leeftijd doen: hij klapt dubbel. Nu vormt hij met de grond een perfect gelijkbenig driehoekje: zijn ogen vlakbij het mooie steentje. Dan bedenk ik dat de natuur toch nog iets goed doet. Sinds ik aan een leesbril toe ben, verandert alles dichtbij in een waas. Zelfs het eten op mijn bord lijkt te vervagen. Maar een mooi steentje aan mijn voeten, ja, dat zie ik nog heel scherp. Waarmee dubbelklappen mij bespaard blijft. Het zou me misschien nog wel lukken, hoor. Maar je moet dan wel heel lang blijven wachten tot er iemand langs komt die bereid is je terug te vouwen.

Seth deelt opa's en oma's in. Misschien met een helpend handje van zijn papa en mama, wie zal het zeggen. Opa's en oma's hebben geen naam. Zij luisteren naar namen van huisdieren en kinderen. Wij heten nu opa en oma Bente, naar onze labrador. Seth heeft opa en oma Bo, die hij noemt naar zijn piepjonge tante. En natuurlijk zijn daar opa en oma Poes. Waarmee meteen duidelijk wordt dat zijn voorkeur uitgaat naar kinderen en dieren.

Greet, oma Poes, kijkt licht ongelukkig bij het horen van haar naam.

'Jammer dat je die poes nooit een naam hebt gegeven, hè?' grap ik. 'Had je nu oma Kitty geheten!'

Greet zucht: 'Stomme kat. Daar ben ik mooi klaar mee.'

Dochter vertelt dat Greet nu echt genoeg heeft van haar naam. 'Seth roept de hele tijd "Oma Poes! Oma Poes!", als ie in het fietszitje zit. Greet baalt daar enorm van. Nu is ze aan het oefenen met "Oma Greet".'

'Echt?' zeg ik. Dat zal me toch niet gebeuren, zeg.

Vanaf die dag zeg ik iedere week, als Seth aan tafel zit met zijn fruit en een prentenboek: 'Hoe was het gisteren bij oma Poes? Was het leuk bij oma Poes? Heb je met oma Poes ook nog een boekje gelezen? Ging je bij oma Poes ook in bad?' En nog veel meer vragen die ik kan verzinnen met 'oma Poes'!

'Meer, oma! Meer!' Seths wijsvinger maakt een vettig rondje op het beeldscherm van mijn computer. We hebben een filmpje gekeken van Pingu en met een klik van de muis tover ik een nieuw filmpje tevoorschijn.

'Noknok!' schreeuwt Pingu verontwaardigd. Ik kan dat ontzettend goed nadoen. Seth ook. Misschien zit het in onze genen. 'Noknok!' schreeuwen wij naar pup Bente die aan de lectuurmand knaagt. Dat helpt. Daarna roepen wij allebei: 'Braaf!'

'Meer!' gebiedt Seth. Ik klik. Daar komt alweer een aflevering van Pingu die ik wel kan dromen, maar die Seth keer op keer ademloos bekijkt.

Dan is het mooi geweest. Je zou er vierkante ogen van krijgen.

'Pingu is op,' zeg ik. 'Straks is er weer Pingu.'

'Oké,' zegt Seth.

We gaan tekenen. Met dikke stiften op grote vellen papier. Die vellen zijn nooit groot genoeg. Seth ziet telkens weer aanleiding om nog even een grenen laatje van een kleurige versiering te voorzien of zijn handtekening te zetten op onze eettafel.

'Wat zie ik nu?' vraag ik. Even niet opgelet. De kleine Matisse heeft een impressionistisch werkje achtergelaten op de wit gestuukte muur. Het is gelukkig een minatuurschilderijtje. Een kwast en weg is het meesterwerk. Maar ook oma's moeten opvoeden, dus ik vraag: 'Wie heeft dat gedaan?'

Seth wijst handig naar de enige die ook volop kattenkwaad produceert.

'Bente!'

De artistieke aandrang is alweer voorbij, want er komt een tractor langs. Er is niets zo belangwekkend in Seths wereld als een tractor. Het liefst met een enorme giertank erachter. Dat vindt Bente overigens ook een traktatie. Die vreet de hele dijk schoon, als ik tijdens de wandeling niet oplet.

'Oma! Tractor!'

'Ja. Mooi hè, Seth?'

'Grote wielen! Zooooo hé!' zegt Seth, vol bewondering. Weg is ie weer. Op naar het land om die tank te legen.

'Meer, oma! Meer!'

Ik ben er even stil van. Seth wenst meer tractor. Dat moet ik voor hem regelen. En in zijn ogen kan ik dat blijkbaar ook! Seth denkt dat zijn oma de controle heeft over iedere tractor die voorbij rijdt. Ik ben in zijn ogen de regisseur van alles wat zich in en rond dit huis afspeelt. Geen haar op mijn hoofd die erover denkt om hem nu al de waarheid te vertellen. Ik hoop dat hij minstens tot zijn achttiende onvoorwaardelijk in mijn almacht blijft geloven. Wat een heerlijk idee. Dus ik zeg: 'Tractor is op. Straks is er weer tractor.'

'Oké,' zegt Seth.

'Jij wil vast ook wel een mooie ballon!'
'Nee.'

De mevrouw in de boekwinkel staart vol onbegrip naar mijn kleinzoon. In haar hand heeft ze een prachtige feloranje ballon. Aan een touwtje. Er staat een Nederlandse leeuw op en iets over de WK. En hij is groot! Groter nog dan het hoofd van Seth.

Ik had als kind een moord gedaan voor zo'n ballon. Ik zou hem nu nog wel willen hebben. Maar mij wordt niks gevraagd.

'Wil je echt geen ballon?'

'Nee!'

Het komt er iets feller uit. Iets luider ook. Seth trekt een diepe frons en staart de mevrouw aan. In zijn blik kan je lezen: 'Snap je het niet? Ik wil geen ballon. Ik wil terug naar het rek met de boekjes. Want ik ben dol op boekjes. Ik had er net een heleboel uit de kast gehaald en die wilde ik gaan lezen. Maar daar werd ik nogal hardhandig weggehaald door mijn oma, die me meedeelde dat ze haar geduld aan het verliezen was en dat dit een boekhandel is en geen bibliotheek. Raadselachtige mededeling wat mij betreft. Wat is nu weer een bibliotheek? Maar goed, ik wil die boekjes. En die ballon, die hoef ik niet. Dus.'

'Hij wil geen ballon,' zeg ik. Ik hoor het verlangen in mijn stem. Wat was ik vroeger jaloers op kinderen die schoenen kregen uit de winkel waar je zo'n grote gele ballon kreeg aan een metalen stokje. In die winkel kon je ook lakschoenen krijgen. Met een bandje. Terwijl ik zeer tegen mijn zin op weg was naar die ene degelijke zaak waar je stevige bruine veterschoenen kon kopen. En een ballon? Vergeet het maar.

'Het is een heel mooie ballon!' prijst de mevrouw nog eens aan. Ja. Dat vind ik ook. Het touwtje is rood-wit-blauw. Die ballon is super. Maar Seth roept

voor de laatste maal 'Nee!' en laat zich demonstra-
tief languit op de grond vallen.

'Geen ballon,' zucht ik tegen de mevrouw en ik
verberg mijn teleurstelling als ik zie dat ze de ballon wegbergt achter de toonbank. We kijken naar
Seth, die bewegingloos op het winkeltapijt ligt.

'Blijkbaar geen fan van Oranje,' zegt ze.

'Ik heb ook niet veel met voetbal,' zeg ik.

Wel met ballonnen. Maar ja.

'Ik heb ook eens op het kerkhof gekeken. Daar is
nog aardig wat plaats over. Mooie rustige plek,'
prijs ik.

'Mijn cliënten liggen er tevreden bij,' knikt Piet.
Hij kwam aanlopen op klompen, vertoonde een
brede grijns tussen afstaande oren en stak een ko-
lenschop van een hand uit. Die schudden we. Hij
wilde ons wel helpen met die verwaarloosde tuin.
Hij had nog een paar werkadresjes, maar hij zag wel
kans om een beukenhaagje te planten en wat te
schoffelen. Komt in orde, beloofde hij. En doodgra-
ver, dat was ie ook. Dusseh... Hij lachte en wij lachten mee.

'Dat nog maar even niet, Piet,' grapte mijn lief.
Piet was ook nog voorzitter van de ijsclub, dus daar
waren we al lid van, ver voordat we in het nieuwe
huis woonden. En hij had zijn hele leven in de bol-
len gewerkt. Een week later kwam er een pot vol

hyacinten, die hun geur verspreidden in het huis. En later tulpenbollen voor de bloembakken.

'We hebben een vriend. Onze eerste vriend in het nieuwe dorp,' zeiden we tevreden tegen elkaar.

Vanaf de dag dat we er woonden, kwam ie langs. Een hand uit het autoraampje. Bakkie? Lekker!

Seth is dol op hem. 'Piet!' jubelt hij enthousiast, als hij klompen hoort op het pad.

'Meneer Piet,' verbetert zijn mama hem. We zitten aan tafel en luisteren naar de geheimen van het dorp en verhalen van vroeger.

Gore moppen. Die vertelde hij ook. Op een dag wel drie achter elkaar, te schunnig om te herhalen, mocht ik ooit in staat zijn een mop te onthouden. Buurman en buurvrouw wandelden langs met hun hond en groetten. Piet wees met zijn duim naar buurvrouw en fluisterde ons toe: 'Die moppen vertel ik niet als Gerda er bij is. Gerda is een dame!'

Maar op een dag vertrouwde hij ons akelige klachten toe. We vonden dat hij een dokter moest opzoeken.

'Ziek? Ik ben nooit ziek.' Hij strooide gedroogde brandnetels over zijn aardappelen. Dat helpt wel.

Mooi niet.

Ik zocht hem op in het ziekenhuis en vertelde mijn lief: 'Er lag een colbert op bed. En ergens diep daarin verstopt, lag Piet.'

Onze eerste vriend in het dorp is de eerste die we wegbrengen. De kerk is afgeladen vol, alles geurt naar bloemen. Een kleindochtertje staat rechtop voor opa's kist en zegt: 'Lieve opa, ik hoop dat je gauw weer beter wordt. Maar ik denk dat dat bijna niet meer kan.'

Dan lopen we naar Piets laatste plekje. Hij heeft het zelf uitgezocht. Ik zei het al. Er was plaats zat.

'Kut,' zegt mijn kleinkind. Hij zit op de grond en inspecteert een vrachtwagen. Bente heeft er drie wielen afgeknaagd, maar het deurtje van de cabine kan nog wel open en dicht. Dat deed Seth tenminste de laatste paar minuten. Maar nu heeft hij het deurtje in zijn hand.

'Kut,' zegt hij nog een keer. Ik bijt op het puntje van mijn tong, verbeter niks en bel mijn dochter. Die is tenslotte verantwoordelijk voor dit taalgebruik.

'Joep,' zeg ik, en daarmee gebruik ik haar koos- naam, want per slot van rekening heb ik niks te schaften met de manier waarop zij haar zoon wenst op te voeden en toch wil ik iets opmerken over zijn woordkeuze. 'Jullie moeten echt oppassen wat je zegt waar Seth bij is. Hij zegt...' Nu demp ik mijn stem, want anders hoort dat wurm het gewraakte woord ook nog een keer van zijn eerbiedwaardige oma, '...kut.' Onderwijl prijs ik mezelf om dat 'Jul- lie moeten oppassen...' Tweede persoon meervoud is slim. Nu kan dochter nog zeggen dat het taalge- bruik van Seths papa inderdaad nogal ruw is en dat zij hem daarop ernstig zal aanspreken.

Ze lacht. Ze zegt: 'Hij bedoelt "stuk"! Hij keert letters om. Zo raar! De eerste keer dacht ik ook dat hij "kut" zei. Maar hij bedoelt "stuk". Grappig hè?'

Ik doe een controlerondje. Ik wijs van alles aan en Seth zegt braaf: 'Kut! Niet kut!' Het klopt. Wat een eigenaardige taalontwikkeling.

'Wat is dat Seth?'

'Kut!'

'Ja, stuk! Het is stuk, hè? Sssssstttttuk!'

'Ja. Kut.'

Er valt niks aan te verbeteren. Hij hoort het verschil niet. En hij straalt dat we zo'n goed gesprek voeren en het zo roerend met elkaar eens zijn.

Een paar dagen later fiets ik naar de markt. Seth blijft lekker in het fietsstoeltje zitten en we lopen de kramen langs. Tot we aan het eind van de markt zijn. Daar wijst Seth enthousiast naar een kar met de tekst 'De Grillkoning'.

'Pik!' brult hij. 'Pik!'

'Kip!' zeg ik.

'Ja! Pik!'

Voorlopig maar niet meer naar de markt.

'Moet je zien,' moppert mijn lief. Op televisie woedt een veldslag. De ME groepeert zich achter doorzichtige schilden, de wapenstok dreigend geheven. Er komt een tank aangehobbeld; een waterkanon richt zich op een groep mensen. 'Revolutie? Waar?' vraag ik. Ik kom binnenwandelen met de wasmand en heb even iets gemist. Het is een prachtige avond. Ik heb net mijn wasgoed van de lijn gehaald en tevreden geroken aan het witte beddengoed. Ik heb ook kleertjes van Seth aan de lijn en op een rare manier maakt die aanblik me altijd wonderlijk blij. Over de schutting zag ik dat mijn buurvrouw haar neus in de handdoeken stopte en daardoor hadden wij een intens en bijzonder goed gesprek met elkaar.

Ik: 'Heerlijk hè?'

Zij: 'Nou. Daar wordt een mens ontzettend gelukkig van.'

Maar het journaal brengt ons beelden van oorlog en ellende.

'Nee. Dit is voetbal. In Nederland,' spot echtgenoot.

Ik kijk. Een enorme groep voetbalsupporters loopt te rellen. Waarom? Ach, wie wil dat weten. Misschien omdat ze een wedstrijd hebben verloren. Dat is een goeie reden om winkelramen in te kinkelen, paarden te bekogelen met stenen en supporters van de winnende partij in elkaar te rammen met terrasmeubilair. Maar misschien is het ook wel omdat ze kampioen zijn geworden. Want dat is net zo goed aanleiding om woonboten tot zinken te brengen, fietswielen om te buigen en de neus te breken van een voorbijganger die iets te lang naar je kijkt. Je bent harde kern, of je bent het niet. Wie erop los ramt, hoort erbij. Met bivakmuts of capuchon.

'Dat is Patrick,' wijs ik. Ik heb hem in de klas gehad. Alweer een paar jaar geleden. Ik herken hem meteen. Hij heeft een baksteen in zijn hand en gooit. Duidelijk in beeld. Hij ziet er opgefokt uit. Pillen, misschien. Drank. Dat in ieder geval.

'Hij heeft nog steeds van die dunne beentjes,' merk ik op. Als je erop gaat letten, hebben al die jochies dunne beentjes. En veel puistjes en een extreem witte huid. Dat krijg je van zo'n bivakmuts.

Er komt een deskundige in beeld die zegt: 'Jaarlijks besteden we miljoenen aan politie-inzet.'

'Als we voetbal afschaffen, kunnen we dat geld gebruiken voor onderwijs. Had dat schaap misschien wel een diploma gehaald,' bedenk ik hardop.

Echtgenoot staat op en meldt: 'Ik ga de hond uitlaten.'

Ik knik en zeg: 'Ik vouw de was op.' Ik vouw kleine spijkerbroeken en rompers en shirtjes en kleine sokken. Het is prettig om iets te doen wat je begrijpt. Daar word je gelukkig van.

'Ik blijf hier lekker zitten lezen,' beloof ik Seth. Hij ligt in zijn ledikant met Meneer Slappe Beer, een speen en twee tractors. Ik zit op het grote bed met een boek.

'Ik wil niet slapen,' zegt hij.

'Nee, dat hoeft ook niet. Gewoon even lekker liggen.' Ik lees. Ik kijk niet naar hem. Zodra ik dat doe, gaat hij zitten. Ik hoor zijn ademhaling dieper worden, regelmatiger. Een jaar geleden kon ik nog naar hem kijken als hij in slaap viel; zo prachtig: die wimpers die steeds lager zakten, die lodderige ogen en dan, ineens, die ronkende ademhaling. Dat laatste is er nog steeds. En dan kijk ik. Naar dat heerlijke slapende kind. Ik zet de speelgoedtractors iets verder van zijn hoofd weg, zodat hij zich niet kan bezeren. Ik trek het dekbedje iets omhoog. En ik sluip weg. Naar bed. Voor een broodnodig omadutje. Maar ik noem het natuurlijk een 'powernap'. Dat klinkt veel beter.

'Volgens mij gaat er ongeveer anderhalve gewone Mars in een kingsize Mars,' schat de vrouw. Ik heb haar aangeklampt in de supermarkt. Zij winkelt in het snoepschap en vist net een familieverpakking KitKat uit het rek. En ik ben op zoek naar iemand die verstand heeft van candybars.

'En hoeveel mini-Twixen gaan er in twee gewone Twixen?' vraag ik.

'Twee,' zegt ze. 'Ja toch, Dirk?' Haar man staat verderop, hoort de vraag en knikt. Klopt. Hij geeft met twee wijsvingers de afmeting aan van een Twix en voor de zekerheid leg ik de mini's ertussen.

'Ik ga een chocoladetaart maken,' leg ik uit. Chocola. Daar word je gelukkig van, toch? En het is zo grijs buiten, dat het bij mij binnen ook een beetje grijs aan het worden is. Tijd voor harde actie. Tijd voor chocola. En morgen komt Seth. Die lust vast ook wel een stukje taart.

'Met Marsen en Twixen. Geweldig,' geniet ze.

'En koekjes, rozijnen, gehakte hazelnoten en eieren. En een kluit gesmolten roomboter,' vertel ik.

'Mmmmmm! Moet je die Marsen smelten?'

'Ja. Au bain marie. Dan verkruimelde Twix erdoor. En de rest van al die slechte dingen. Dat giet je op een bodem van verkruimelde biscuits en dan gaat ie de koelkast in.'

'Dat klinkt zo geweldig! Wij maken met verjaardagen altijd een bokkenpootjesadvocaattaart,' vertrouwt ze me toe. Haar man knikt.

'Die advocaat lepel je door de slagroom. Echte slagroom natuurlijk. En dat gaat allemaal over die verkruimelde bokkenpootjes en dat smeer je op een kant en klare taartbodem,' vertelt hij. Hij kijkt er een beetje dromerig bij.

'Hij kan het ook. Het is heel eenvoudig. Onze hele familie doet aan de bokkenpootjesadvocaattaart,' lacht zij.

'Met de kleinkinderen moet je oppassen. Want er zit natuurlijk wel alcohol in. Maar de tantes worden er altijd erg lollig van,' waarschuwt haar man nog.

'Die ga ik ook eens proberen,' besluit ik. 'Dat klinkt ook erg helend.'

'En ik ga Marsen smelten. Volgens mij word je daar erg gelukkig van,' belooft ze.

We kijken elkaar eens aan. Goedkeurend.

Ik zeg: 'Ik neem de volgende keer het recept wel mee.'

Zij: 'Dan gaan we iedere keer recepten uitwisselen als we elkaar tegenkomen.'

Ik: 'Maar alleen héél erge. Met slagroom en boter en suiker en zo.'

'Ja, logisch,' knikt ze.

Die middag smelt ik acht Marsen in een pannetje. Al na vijf minuten krijg ik de slappe lach. En als ik de enorme klont boter erin oplos, breekt buiten de zon door.

Recept:

Ingrediënten: 5 king size Marsen
2 Twix repen
125 gram boter, gesmolten
2 eieren
1 rol digestieve koekjes,
verkruimeld
60 gram rozijnen
60 gram gehakte hazelnoten

Smelt de Marsen au bain marie. Als het mengsel zacht is, roer dan de gesmolten boter erdoor. Vet een bakblik met een doorsnee van 23 cm in en bestrooi met koekkruimels. Meng de overgebleven koekkruimels met de stukjes Twix. Roer de eieren door het Marsmengsel. Haal van het vuur en voeg koekkruimel/Twixmengsel, rozijnen en hazelnoten toe. Goed doorroeren. Schenk alles in het bakblik. Laat minimaal 8 uur opstijven in de koelkast.

Seths moeder leerde ik netjes 'Dank u wel' zeggen. Seth leer ik : 'Speenkruid!' We lopen langs de dijk en overal barst speenkruid in felgele bloempjes uit de grond.

'Kijk Seth! Speenkruid,' zeg ik. Ik vertel dat het lente wordt. Echt lente! Dit is het eerste bloemetje dat we zien, maar er komt nog meer. Nog veel meer! Madeliefjes en boterbloemen en 'Kijk, dat is de fiere pinksterblom!'. Ik fluit en zing liedjes en roep: 'Zeg maar: speenkruid!'

'Speenkuit!' echoot mijn kleinzoon braaf. Het eerste deel van het woord kent hij natuurlijk al lang en de kuit rolt er makkelijk achteraan.

Hij raapt steentjes op die te mooi zijn om te laten liggen en als zijn jaszakken vol zijn, mogen ze in de mijne. We geven Bente een brokje omdat ze zo goed luistert, stappen door het gras en bestuderen de mooie glimmende ronde blaadjes van het speenkruid.

'Wat een mooie boterbloemen hè?' zegt een wandelaarster vertederd tegen deze wel zeer prille bioloog.

Seth richt zich op en zegt: 'Speenkuit!'
Veel leuker dan 'Dank u wel'!

Langs de dijk staat een enorme koningskaars. Hij is zeker twee meter hoog en het is een regelrecht wonder dat hij de maaidrift van de gemeentewerkers heeft overleefd. Hij moest er per slot van rekening twee jaar over doen om te groeien tot deze indrukwekkende zuil van gele bloemen.

'Kijk, Seth! Koningskaars!'

'Koningskaars,' echoot Seth.

Een kind is net een papegaai. Hoeveel blijft er in dat koppie zitten? Woorden als 'snoepje', 'patat' (tatties) en 'koekje' zitten er na één keer proeven meteen in. Maar koningskaars?

'Het heeft mij ook nooit zo bereikt,' zegt mijn jongste dochter meteen. Gek is dat toch. Je voedt drie kinderen op en alleen de oudste weet een halve flora te benoemen. De middelste roept, om mij te sparen, altijd: 'Ja, hoe heet die ook alweer?' En de jongste pingt op haar BlackBerry. Die heeft geen boodschap aan stampers en meeldraadjes.

We lopen langs de dijk, Seth en ik. Samen houden we de riem vast van Bente. In de verte doemt de koningskaars op. Ik neem me voor mijn mond te houden. Seth wijst naar eenden, steentjes, auto's, trekkers en ligfietsen. Ik benoem. We gaan straks het land op en hebben er zin in. Rubberlaarzen aan om lekker in de plassen te stampen en kleren die al vies zijn.

'Lekker hè Seth?'

'Ja.'

Bente snuffelt nu bij de koningskaars, waar ieder reutje zijn geurvlag op achterlaat. De onderste bladeren zijn geel en verschrompeld. Seth kijkt. Ik zwijg. En dan heeft hij dat malle woord opgediept. Hij roept triomfantelijk: 'Koningskaars!'

En ik vertel hem: 'Man! Wat ben ik gelukkig.'

Oudste dochter, en meteen ook Seths oudste tante, neemt zich meteen voor een flora te maken voor Seth. Met daarin speenkruid, boterbloem, madeliefje, brandnetel, weegbree, smeerwortel, klaver, paardebloem en fluitekruid. Zo'n beetje alles wat langs een wandeling groeit. Met een klein verhaaltje.

'Als je de naam weet, zie je het pas staan,' zegt ze.

We kijken eens naar dat blonde koppie, waar nog zoveel in moet...

'Vogels. Ook leuk. En bomen. En dieren. We hebben in ieder geval een abonnement op Artis genomen,' verzucht middelste dochter, Seths mama. De jongste kijkt op van haar BlackBerry en zegt: 'Dan leer ik hem wel waar het tegenwoordig werkelijk om gaat.'

En terwijl niemand oplette, heeft Seth zijn woordenschat uitgebreid met Ford, Opel, Seat, Volvo, Mercedes, Volkswagen en ga zo maar door. Van wie hij dat heeft? Van papa.

'Seth wordt boer.'
'Mag ik jou dan helpen?'
Hij knikt.
'Mag ik dan op de trekker?'
'Nee!' Dat zegt ie oprecht geschokt. Dat ik dat durf voor te stellen?! 'Seth gaat op de trekker.'
'Oké. Dan voer ik de kippen.' Dat vindt hij prima. Ik mag eigenlijk alles wel. Behalve dan op de trekker. We kennen alle liedjes op YouTube die over trekkers gaan, brullen samen: 'Boeren, boeren, boeren, doing doing!' Een onvergelijkbare hit waar Seth erg opgewonden van wordt en waarschijnlijk nog heel wat volwassen trekkerliefhebbers met hem. Ook zingen we 'Soepen als ien dolle en tekeer gaan als ien beest'. Nu wonen we niet in Twente, maar ik snap de strekking van dit verhaal wel en ben blij dat het mijn kleinzoon voorlopig ontgaat.

We lezen boeken met trekkers, we kijken filmpjes met trekkers, zingen liedjes over trekkers, tekenen trekkers en kleuren trekkers. Als ik een heel groot boek over Sinterklaas koop, staat daar het speelgoedmagazijn van Sint in afgebeeld op twee enorme pagina's. Alles wat je je maar zou kunnen wensen, ligt daar op de planken.

'Wat wil jij hebben van Sinterklaas?' vraag ik. Seth kijkt twee tellen naar de plaat en wijst dan meteen: 'Die!' Op een plankje staan twee tractoren; een rode en een groene.

'Je mag maar één ding kiezen,' zeg ik. Hij kiest de rode en vraagt dan: 'Wat wil jij, oma?' Ik aarzel. Ik zoek. Seth wijst op de groene en zegt: 'Oma, neem jij dan die trekker!'

∽ ∽

'Hoor je wat ze roepen? Ga mee! Ga mee! Naar Afrika!'

In het weiland komen alle ganzen samen om de grote trektocht te wagen. Ze gakken en snateren. Het zijn er zoveel, dat de overvliegende formaties doortrekken, want ze zien geen kans om in dit overbevolkte grasland te landen. Boven onze hoofden roepen zij mee. 'Ga mee! Ga mee! Naar Afrika!'

'Oma,' fluistert Seth. 'Ik kan niet vliegen.'

'Echt niet?' Hij schudt zijn hoofd.

Ik ben er stil van. Mijn hele leven heb ik gedacht: je neemt gewoon een aanloopje. En dan vlieg je.

'Zullen we het toch proberen?' vraag ik mijn wijze kleinkind. 'Zullen we een aanloopje nemen?' Dat vindt hij op deze leeftijd nog prima. Dus we beginnen naast elkaar, onze armen wijd. We lopen gelijk op, hij op die kleine kromme pootjes en ik op de mijne met rammelheupen.

'Vlieg! Vlieg!' roep ik. We hijgen.

'Vlieg jij al?' vraag ik hoopvol.

'Nee!'

We kunnen niet meer. We stoppen ermee.

'Hèhè,' zucht ik. 'Jammer. Mislukt. Maar we bijna, hè?' Hij kijkt verstoord en zegt: 'Nee.'

'Nou, oké, niet dan. Maar het was wel een lekke aanloopje, toch?'

Seth grijnst van oor tot oor. Ja. Dat was het. Een heerlijk aanloopje. En daar gaat het natuurlijk om

Genieten van het aanloopje en blijven dromen dat je kan vliegen.

'**W**ilt u erin zetten "Voor Mientien"?'

Ik kijk op van dat verzoek. Voor me staa een vrouw, zorgelijke blik, triest knikje. Ze over handigt me mijn boekje over mijn moeder, dat il meesleep naar lezingen en na afloop verkoop er signeer. Mijn moeder overleed aan Alzheimer er veel mensen herkennen zich in mijn verhaal.

De naam Mientien heb ik nog nooit eerder ge hoord.

'Mientien?' herhaal ik.

'Een bijnaam,' zegt ze en ze glimlacht. 'En dar "Van Poewaai".'

'Ook een bijnaam,' begrijp ik. Ze knikt. En ter wijl ik het boekje signeer, zegt ze: 'Mientien ver dient het. Die heeft opa aan zijn eind geholpen.'

De mensen die op hun beurt wachten, houder

:ven hun adem in. Heel even. In een fractie van een
:econde beseft iedereen wat de vrouw zegt én wat
ze eigenlijk bedoelt. Dus babbelt iedereen weer
door, opgelucht en vrolijk. Ik kijk op van het boek,
kijk in de vermoeide ogen van Poewaai en bedenk
dat een familie met zulke bijnamen een grappige
familie moet zijn. Maar nu staat ze er zo serieus bij,
dat ik even aarzel. Dan flap ik het er toch maar uit.
Ik kan het niet laten.

'Het klinkt alsof Mientien hem heeft vermoord.'
Terwijl ik mijn krabbel in het boekje zet, valt er een
echte stilte. Niemand wil de reactie missen. Ik klap
het boekje dicht en kijk op. Daar staat Poewaai. Ze
kijkt me stomverbaasd aan. Dan schiet ze enorm in de
lach, hand voor haar mond, op slag heldere pretogen.

'O wat erg! Ik zei: "Die heeft opa aan zijn eind geholpen!" En dat heeft ze ook. Maar wat klinkt dat
raar! O, nee hoor, ze heeft hem verzorgd! Zo lief! Ze
heeft hem niet vermoord. Die heeft opa aan zijn
eind geholpen! Hahaha! Wat erg.'

Iedereen lacht mee. De trieste blik van Poewaai is
verdwenen. De lach ligt vlak naast de traan. We lachen samen de dood weg. En verdriet. En Alzheimer. Zo sterk zijn we. Maar ik heb nog nooit kunnen lachen bij het idee dat ik zelf ooit Alzheimer
krijg. Tot penningmeester Ria me na afloop gena-
deloos aan het lachen krijgt. We zitten wat na te
praten en iemand vraagt: 'Hoe is het met de kleinzoon?' Ik vertel dat ik dit najaar met Seth de enorme groepen ganzen bewonderde die samenkwa-

men om naar Afrika te vertrekken. Dat ik hem zei 'Hoor je, Seth? Ze roepen: Ga mee, ga mee! Naar Afrika.' En dat ie luisterde, zijn koppie scheef.

Waarop Ria naar me toe buigt en zegt: 'Later schrijft dat kind een boekje over zijn verwarde oma. En dan schrijft hij: Toen ze die ganzen hoorde praten, begon het al een beetje!'

'Awagebiepoek,' zegt Seth, die sinds een tijd toch redelijk in staat is eenvoudige wensen duidelijk over te brengen.

'Wat zeg je, lieverd,' reageer ik.

'Awagebiepoek,' herhaalt Seth. Hij knikt erbij. Ik moet dat nu doen. Of geven. Of pakken. Wie zal het zeggen?

'Awage,' herhaal ik. Hij knikt nu ijverig. Ik schud mijn hoofd.

'Ik weet niet wat je bedoelt, moppie. Moet ik iets pakken?'

'Awagebiepoek!' schreeuwt ie nu woedend. En hij kijkt me vuil aan.

'Zullen we een boekje lezen?' vraag ik . Dat vindt ie goed. Maar hij had natuurlijk veel liever awagebiepoek.

'Vind je niet dat ie krom praat voor zijn leeftijd?' vraagt dochter, met een kritische blik op haar kind.

'Welnee,' zeg ik. Maar ik vind het wel. Soms.

'Misschien moet hij wel extra begeleiding bij aal. Ik snap soms niet eens waar hij het over heeft,' erzucht ze. Och hemel, drie jaar en dan al extra begeleiding.

'Het komt wel,' verzeker ik haar. En dat geloof ik ook echt. Ontwikkeling loopt niet altijd keurig langs een curve in een statistiekje. Soms komt het met horten en stoten.

En dit mannetje kan toevallig wel heel hard rennen. Zelfs op de regenlaarzen die ik voor hem op de groei heb gekocht.

∞ ∞

'Hij kan soms zo boos kijken,' zegt de buurvrouw. Ze heeft gelijk. Seth beziet de wereld lang niet altijd met een glimlach.

'Dat heeft ie van mij,' beken ik rap. 'Maar ik heb geleerd het te verbergen.' De wereld om je heen wordt leuker als je glimlacht. Dat leer je gaandeweg dat lange pad. Maar ik weet nog dat mijn familie me vaak vroeg wat eraan scheelde? Niks. Waarom kijk je dan zo boos? Ik? Ja, jij!

Seth zal het ook wel doorkrijgen. Maar voorlopig kijkt hij boos. En ik weet waarom. Hij kan niet tegen correctie en hij wil geen baas. Kind van zijn oma. Daar heb ik ook nooit tegen gekund. Maar ja, ik ben volwassen en eigen baas. En deze kleine schutter stapt rond in een wereld vol bazen die hem allemaal corrigeren.

Woest. Bij vlagen razend. En onbegrepen natuurlijk
'Oma! Awagebiepoek!'
Geen idee waar hij het over heeft.

'Seth, heb jij een vieze broek?'
'Nee, oma.'

Het kleinkind gaat met rasse schreden voorwaarts. Het spreekt al met twee woorden. Ik glim van trots. Verder moet ik zijn verklaring niet al te serieus nemen. Het mannetje verspreidt een kwalijke geur, terwijl hij langs me rent. Onze pup hangt aan zijn broekspijpen, dus ik kan hem makkelijk vangen. En terwijl ik hem ondersteboven meeneem naar boven, bedenk ik dat zijn oudste tante met een jaar of anderhalf zindelijk was. Dit mannetje luiert maar door. Hij wordt al drie. Toch is hij nog niet aan het grootste model luier toe. Want die gaan tot een jaartje of vijf, zes. Er is namelijk een eigenaardige ontwikkeling gaande. Die luiers worden droger en droger. Daar adverteren ze mee. 'Nu droger dan ooit!' Op televisie én op de radio. Die slogan kwam nogal bij me binnen, want ik zat al een uurtje of vier achter het stuur, passeerde net een tankstation en moest opeens ontzettend nodig. Een bordje kondigde aan dat je over 40 kilometer weer kon tanken. Dus ook plassen. Vanwege de file reed ik veertig kilometer per uur en dan kan ik zelfs uitrekenen dat je die plas nog een uur moet ophouden. Doe mij zo'n luier, dacht ik.

En ineens, halverwege die trap met dat kleinkind onder mijn arm, heb ik het door. Vanuit mijn kennis als ervaringsdeskundige. Mooier kan je niet hebben. Het is een complot. Een complot van luierfabrikanten. Ze maken die luiers zo droog, dat kinderen nooit meer zindelijk worden. Binnen vijf jaar maken ze formaat basisonderwijs groep zes en zeven. En over tien jaar is het heel normaal, als je als brugsmurf nog een luier draagt. In mijn maat zijn ze dan beschikbaar voor lange autoritten. Iedereen in de luiers: de natte droom van elke luierfabrikant.

Seths oudste tante droeg katoenen luiers. Daar drijf je snel uit. Seths moeder kreeg een papieren worst in een plastic vouwbroekje. Dat hield ze krap twee jaar vol. Zijn jongste tante kreeg de voorloper van de huidige wegwerpluier: zindelijk met twee jaar en drie maanden. Hoe waardelozer de luier, hoe sneller droog.

Maar nu?

'Vieze broek?'

'Nee, oma.'

En ik ruik al wat ie later wordt: chauffeur op een gierwagen.

'Wat is dat?' vraagt een jongen op een cross-fietsje nieuwsgierig. Ik wenk hem. Hij komt aangeraced en parkeert naast me. Ik leg het hem uit. Dit is de Dag Herdenken Geweldslachtof-

fers. En op het lint dat ik help dragen, staan 223
namen.

'Er lopen hier vaders en moeders, broers en zusjes. Heel verdrietig. Want alle namen op dit lint
leven niet meer. Die zijn gedood, vermoord. En nu
hopen we maar dat iedereen die dit ziet, besluit om
een ander nooit zoveel verdriet te doen,' vertel ik.
De jongen knikt. Boodschap begrepen.

Koningin Beatrix kwam op de bijeenkomst om te
praten met al die intens verdrietige mensen. Ze stak
een kaars aan en wreef hier en daar over een boven-
arm van een vader die in huilen uitbarstte of een
moeder die haar woede uitte over de straf die de
dader had gekregen. Acht jaar cel met aftrek van
voorarrest is niet lang, als jij bent veroordeeld tot
levenslang verdriet en pijn.

Ik heb geen jas aan. Jacques, die zijn dochter Na-
dine op het lint heeft staan, zegt vol vertrouwen:
'Het gaat niet regenen.' Dat doet het ook niet. Een
stralende zon begeleidt onze tocht. Doetinchem
houdt de adem in en leest de namen op het lint. Er
lopen mensen op versleten gympies en tweede-
kamerleden in driedelig donkerblauw. We vormen
eensgezind een stille schreeuw: Doe dit een ander
nooit aan. En ik bid de hele weg dat ik maar nooit
ten volle hoef te beseffen hoeveel pijn het doet om
door een zinloze daad van een ander een kind te
moeten verliezen. Of een kleinkind. In mijn hoofd
rijgen zich namen aaneen. Namen die niet op het
lint staan. De namen van mijn kinderen, van allen

die mij lief zijn, de naam van mijn kleinkind. We open op muziek van doedelzakken en omfloerste trom langs het monumentje van Geerhard Jolink, die in 2004 in Doetinchem werd vermoord door een 24-jarige tbs'er. Toen zijn lichaam werd gevonden, zat zijn hond Tanja bij hem en hield de wacht.

Dan is er een bijeenkomst op het Marktplein. Het lint wordt opgevouwen en de voorlezers beginnen de namen te noemen. Als de eerste lezer de namen op zijn blad voorleest, betrekt de hemel. Er steekt een onheilspellende wind op. De regen barst los. We krijgen regencapes uitgereikt en iedereen wurmt zich in het dunne plastic. In de stromende regen luisteren we toe. Zoveel namen. De hemel huilt. Na de laatste naam breken de wolken open en de zon verwarmt ons. Ballonnen stijgen op met teksten die getuigen van verdriet en moed en hoop. Want er is hoop. Er is altijd hoop.

We gaan naar de bibliotheek, waar ik erg mijn best doe om Seth uit te leggen wat hiervan de bedoeling is: niet alle boekjes op de grond gooien, eentje uitkiezen, daar heel voorzichtig mee zijn en dan over een paar weken weer terugbrengen.

Het lijkt allemaal aardig te landen. We vinden een geweldig boek waar wel drie keer een trekker in voorkomt en brengen dat naar de balie. Seth leest, herleest, kent het na twee weken uit zijn hoofd en raakt er erg aan gehecht.

'Nu gaan we je boek terugbrengen,' kondig ik aan.

'Nee!' Hij drukt ontsteld het boek tegen zich aan.

'Je mag een andere uitkiezen. Dan nemen we die mee.'

Hij mag het allermooiste boek van de hele bibliotheek zelf in de gleuf gooien. Op het moment dat hij het loslaat, zie ik even paniek in zijn ogen.

'Ga maar een nieuwe zoeken,' zeg ik. Hij rent.

Vijf minuten later is de keus al gemaakt: een boek met een enorme trein en ook nog twee keer een boer op een trekker.

In een flits zie ik een toekomstbeeld: Seth ruilt Caroliene in voor de mooie blonde Peggy, die plaats moet maken voor Gwendolyn die weer wordt ingeruild voor Noortje. En uiteindelijk doet ie mee aan 'Boer zoekt Vrouw'.

'Excuse me, are you a local?' De man kijkt me kritisch aan, zijn zonnebril op het puntje van zijn neus. Ik had zijn nummerbord al gezien. Duits. In de auto zitten twee mannen voorin en maar liefst vier achterin. Ze passeerden ons net op de dijk, waar we de hond uitlieten. Seth zei nog: 'Opa-auto! Ford!' Toen de auto stopte en de bestuurder zijn raampje omlaag draaide, dacht ik: Leuk! Duits. Ik ben een beetje trots op mijn talenknobbel en maak graag een babbeltje. Dus ik draaf gedienstig naar voren. Maar door het woord 'local' raak ik van slag. Local. Ik denk dan meteen aan typetjes uit de tv-serie 'Little Britain', waar ik fan van ben. Het is schandalige Britse humor en daar ben ik dol op. Nu deze man mij vraagt of ik een 'local' ben, aarzel ik om daarop bevestigend te antwoorden. Als ik ja zeg, is het alsof ik daarmee toegeef dat ik het product ben van generaties incest in dit dorp van 450 zielen en daardoor rondloop met een gebit zonder kiezen, acht tenen aan mijn rechtervoet en groen haar. Maar ik woon hier wel. Wat moet ik?

De Duitser vertaalt mijn aarzeling op zijn beurt door te denken dat ik geen Engels versta. Dus nu vraagt hij: 'Können wir hier etwas essen? Mangare?' Hij wijst met zijn vinger in zijn mond en daarna op het bruine eetcafé achter me. Nu stond ik een minuut of tien geleden nog te praten met de uitbater, ook een 'local', dus ik weet dat hij open is. Ik knik.

'Is it any good?' vraagt de man nu. Goed? Ja. Geen drie sterren of zo, maar ze hebben prima saté, je kan er een goede biefstuk krijgen en ze bakken uitsmijters. En ik heb helemaal geen zin om een culinaire recensie te geven over een mede-local. Terwijl dat door mijn hoofd schiet, staar ik de man suffig aan.

'Good?' vraagt de man nog een keer. Hij maakt met zijn hand een gebaar naast zijn wang. Op de achterbank roept iemand gedienstig, met zwaar Duits accent: 'Lecker?'

'Ja,' beaam ik.

'Ford! Opa-auto!' zegt Seth nog een keer. Want daar stopt een tweede auto met een Duits nummerbord. Daarin zitten nog eens zes mannen. Mijn mede-local van het bruine eetcafé krijgt het druk.

'Parking?' vraagt de man.

'Daar,' wijs ik.

Ze beginnen gezamenlijk hun enorme auto's te keren op het smalle dijkje. Ik loop door en besef wat ik allemaal tegen de Duitsers heb gezegd. 'Ja'. En 'daar'. Sjonge. Ik ben een local met een talenknobbel. Ik kan zo in Little Britain.

'Ik mis haar nog elke dag.' Zijn oogranden vullen zich met tranen. Ik schrik ervan. Zo'n ontboezeming had ik niet verwacht. Zeker niet bij het Oetang Orkest. Enorme apen spelen een tropisch deuntje en bewegen nogal schokkerig. Maar het is toch aanstekelijk, want alle kleuters dansen en springen mee.

Jan en ik stonden ook te swingen. Want Seth had geboden: 'Opa, oma, dansen!' Waarna de man naast me vroeg: 'Kleinzoon?'

'Ja. Bijna drie.' Daarbij kijk ik dan trots. Alsof ik hem zelf in elkaar heb gekleid. Wat een kunstwerk. Hij knikt even voldaan naar een klein meisje naast Seth. Ze heeft een roze rokje aan en swingt enthousiast mee met de apen. Haar opa heeft de blik van mijn favoriete hondensoort, de bloedhond. Met van die afzakkende onderoograndjes. Heel aandoenlijk. Naast het meisje swingt een leuke vrouw van mijn leeftijd. Hij zegt: 'Dat is mijn tweede vrouw.'

'Kom eens met zijn allen naar het Sprookjesland, het Sprookjeswonderland,' zingen de Oetangs.

'Mijn eerste vrouw is alweer tien jaar geleden overleden,' vertelt de man.

'Ach,' zeg ik.

'Leuk hè, oma?' vraagt Jan, die de ontboezeming van mijn buurman niet verstaan heeft in de apen-herrie.

'Nou, enig, opa!' grijns ik terug. Als wij op pad zijn met Seth, doen wij altijd 'het grote opa-en-oma-toneelstuk. Tot we er compleet melig van worden. Nog koffie, oma? Heerlijk, opa! O, o, o, wat een lekkere koffie, oma. Ja, en als je nu niet op-houdt, dan krijg je niks meer, opa. Zoiets.

Waarna de man naast me opeens zegt: 'Ik mis haar nog elke dag.' En zachtjes begint te huilen.

We staan in het donker. De apen swingen in het licht. De tweede vrouw danst met haar kleindoch-ter. Of zijn kleindochter. Wie zal het zeggen. Ik voel me een beetje opgelaten. Maar gelukkig kijkt ze niet om.

'Zie de apen en dat zijn wij! Oe, oe, oe!' zingt het orkest. Seth roept heel hard: 'Oe, oe, oe!' Het meis-je met het roze rokje kijkt hem vol bewondering aan. Naast me zucht haar opa: 'Elke dag.'

'Groot en klein, die lopen samen hand in hand,'

zingen de apen. Dat lied gaat duidelijk niet over Seth. Onze kleinzoon rent opeens naar buiten. Die heeft nog nooit vrijwillig een handje gegeven en voor het eerst zie ik daar enig voordeel in.

Ik zeg netjes: 'Dag meneer!' en ren achter mijn kleinkind aan.

'De kwaliteit van je sperma kan door het aanraken van dit gif in twee jaar tijd met vijftig procent afnemen.'

'Tjonge,' mompel ik, diep onder de indruk. Aan mijn voeten ligt een ongediertebestrijder met blote handen brokken gif aan een pin te rijgen. Die gaan daarna in een lokdoos, waar katten, honden en kinderen niet bij kunnen, maar ratten en muizen wel. Om die laatste twee categorieën gaat het me. Die laten namelijk geursporen achter. Dat ruik je.

Onze muizen geloven nog steeds niet dat wij nu in dit huis wonen en zij niet. Op een dag gooiden we de tuindeuren open en zagen vervolgens een muis verheugd zijn entree maken. Of haar entree. Daar wil ik vanaf zijn.

Ik ben niet bang voor muizen. Maar deze toonde zoveel karakter, dat ik laf wees en riep: 'Jan!' Die toog onvervaard richting muis. Met beide handen in een kommetje voor zich uit, als vreedzame uitnodiging: spring maar, schat. Dan zet ik je buiten. Daar begreep muis niks van. Loop je je eigen huis in, staat daar een mens in de weg! Muis zette zijn of haar tanden in Jans vinger. En belandde met een boogje in de haagbeukenhaag. We hebben de deuren moeten sluiten. Muis gaf niet op. De familie groef gangen in de tuin, draafde door de werkkamer en maakte spannende holletjes bij hortensia en jasmijn. Mijn aanrecht is langdurig panisch kruimelvrij. Niks helpt. Dus ligt daar nu die ongediertebestrijder een lezing te geven over beestjes en gif.

Ik hang aan zijn lippen. Hij vertelt over de rattenkoning, waarin ratten met de staarten in elkaar geknoopt raken. Zijn ogen glimmen. De rat is zijn lievelingsdier, vertelt hij. Op bestrijdingsgebied dan. Zo slim, zo sociaal. Onderwijl rijgt hij brokken gif en belooft me dat ze een zachte dood sterven. Zijn zoon plaatst lokdozen op strategische plekken en met een beetje mazzel ben ik snel van de muskuslucht af.

'Ik zit met mijn zonen en dochters in het bedrijf. Een mooi vak, mevrouw.' Ik geloof hem graag. Hartstikke interessant.

'Klaar, pa,' roept zoon vanuit de schuur. Pa werpt een liefdevolle blik, rijgt het laatste blok gif aan een staaf en herhaalt: 'In twee jaar tijd vijftig procent minder.'

'Het is me wat,' knik ik vol begrip. Natuurlijk laat hij zijn zoon niet rijgen. Er moeten straks ook nog kleinzonen achter opa's lievelingsdieren aan.

In de vakantie zien we Seth een paar weken niet. Dat is even wennen. Als hij terugkomt, lijkt hij net zo blij als wij. En hij borrelt over van de verhalen. Ik ga er maar even goed voor zitten. Dat wordt weer raden natuurlijk. Ik vrees nu al de terugkeer van de awagebiepoek, maar Seth begint luid en duidelijk met: 'Ik was op vakantie! Met een tent!' Hij vertelt ineens een heel verhaal. Over het circus, waar hij met papa en mama naar toe is geweest. 'Ik was ook clown,' zegt hij. Er komen hele zinnen langs en ik snap het allemaal. 'Seth is al groot,' verzekert hij me. 'Al drie groot!' Hij steekt er drie vingers bij op. Seth glundert, zijn mama glundert en ik glunder. Zie je wel! Er was een tent nodig, een camping, veel rust en veel zon. Daar ga je lekker van kletsen.

'Moet u nou alles in uw eentje erin zetten?' Verwachtingsvol kijkt de oude heer me vanuit zijn rolstoel aan. Gegroefd gezicht, donkere ogen met pretlichtjes. We staan in de rij bij de kassa van het tuincentrum. Mijn karretje staat vol vaste planten in allerlei kleuren. Die moeten de nieuwe border gaan vullen. Daarnaast zit Seth, die ik verteld heb dat dit alweer een winkel is, waar kinderen in het karretje moeten zitten.

Op zijn rolstoelplankje staan drie knalrode geraniums.

'U bent sneller klaar, zie ik,' zeg ik.

'Ik hoef er alleen maar achter te gaan zitten en klaar ben ik,' antwoordt hij. Ik lach. Wat een leuke man.

'Maar u moet hard aan de slag. Nou ja, u bent nog jong,' zegt de man.

'Jeugd is een betrekkelijk begrip,' glimlach ik.

'U bent jong,' herhaalt hij gedecideerd. 'Ik ben twee keer zo oud als u.'

Ik schud mijn hoofd. 'Dat lijkt me sterk. Dan bent u ruim over de honderd. Zeer ruim. En daar ziet u niet naar uit.'

'Flirt u met mij?' vraagt de honderdjarige. Ik kijk hem eens goed aan.

'Dus u bent...?'

'Bijna. Achtennegentig.' Hij haalt eens diep adem, recht zijn rug en knikt me tevreden toe.

'Geweldig!' geniet ik.

'Maar u dan! U bent toch zeker niet ouder dan vijftig?' Zijn pretogen stralen.

'U flirt met mij!' zeg ik beschuldigend. Maar die grijns krijg ik de rest van de dag vast niet van mijn gezicht. Er is dus nog hoop voor oma's. Ook met een kleinkind in je boodschappenkar kom je leuke mannen tegen.

'Schat, je moest eens weten hoe graag ik die planten met jou water zou willen geven,' zegt mijn honderdjarige.

'Ik denk dat u met zo'n instelling makkelijk honderdtwintig wordt,' voorspel ik.

'Waar was je nou, opa?' vraagt een vrouw van mijn leeftijd.

'Mijn kleindochter Nel,' knikt hij.

'Opa, ik kan u ook nooit eens alleen laten. Staat ie weer bij de kassa te kletsen. En we moeten nog een boompje uitzoeken! Hij is weer overgrootvader geworden, weet u. En voor ieder achterkleinkind koopt ie een boom. Mooi hè? Alleen dit achterkleinkind is geboren op een flat. Beetje jammer.'

'We nemen gewoon een boom in een pot. Traditie is traditie,' zegt de honderdjarige. Onderwijl krabbelt hij iets op een stukje papier, steekt het me toe en zegt: 'Bel, als je hulp nodig hebt.'

'Opa!' zegt Nel ontsteld. Ik zie een telefoonnummer op het papiertje staan en zeg: 'Ik stel mijn prognose bij. U wordt honderdvijftig.'

Hij knipoogt: 'Misschien wel met jou.'

'Ja. Eerst maar eens een boom uitzoeken,' zegt Nel. Ze keert hem om en rolt hem kordaat richting bomen en heesters.

'Helpt het een beetje?'
'Ik denk het. Het is een soort ontmoedigingsbeleid.'

Boer Roos pakt zijn racefiets die hij tegen het hek heeft geparkeerd en stapt erop. Hij tuurt naar de

ganzen, die hij net van zijn ene weiland heeft gejaagd. Ze vliegen sloom een half rondje en landen
daarna met de hele groep in zijn andere weiland.

'Als ze eenmaal snappen dat ik ze niet met rust
laat, vliegen ze misschien naar een stuk land waar
ze wel met rust gelaten worden,' zegt Roos. Hij
kijkt hoopvol naar de ganzen. Ik deel zijn optimis-
me niet. Ganzen hebben heel kleine koppen. Zouden ze echt snappen dat de boer ze blijft opjagen
tot ze een ons wegen? Ik weet het niet. Ik weet wel
dat hij het lang kan volhouden. Roos fietst met stalen bovenbenen het hele land door, loopt voor de
grap een marathon en zodra er een vliesdun laagje
ijs op de ringvaart ligt, zie je hem voorbij flitsen om
te trainen voor de elfstedentocht. Nu traint ie met
een groep ganzen.

'We kunnen ze beter opeten. Dan schiet het tenminste een beetje op,' bedenk ik. Roos lacht. 'Ze
zijn niet meer beschermd, toch?' vraag ik. 'Nee, inderdaad,' zegt hij. We kijken nu samen naar de
groep ganzen in het andere weiland. Hoeveel kilo
ganzenborstfilet staat daar wel niet?

'Is het lekker?' vraag ik. 'Dan geven we een boekje uit met ganzenrecepten.'

'Volgens mij is het heel goed te eten. Maar ze moeten wel van mijn gras af,' zegt de boer kordaat. Hij
stapt op zijn fiets, tikt aan zijn muts en kart heen.

'Kijk!' wijst kleinzoon Seth. Ik kijk mee. Roos
rent het andere weiland op en de ganzen landen
vlak voor onze neuzen in het gras.

'Kssst! Kssst!' jaag ik vanaf de dijk. Seth jaag mee. Onze laarzen zakken weg in de moerassige slootkant. Twee ganzen spreiden even hun staartveren als fraai gestreepte Spaanse waaiertjes. De rest van de groep kijkt niet op of om.

Als Seth middagslaapt, zoek ik op internet naar ganzenrecepten. Veel! Verbijsterend. Gevuld met pruimedanten en spekjes, authentiek Pools met kersensaus, op grootmoeders wijze met goudreinetten en hazelnoten, ik krijg er trek van.

Tot Jan die avond terugkeert van de wandeling met labrador Bente en zegt: 'Wil je een gans? Buurman verderop heeft gejaagd.'

'Schoongemaakt?'

'Nee.'

Daar moet ik nog even over nadenken.

Seth gaat op de pot. Eindelijk. Met een boekje waarin alle kindjes op het potje gaan. En onder de voorwaarde dat we straks naar de speelgoedwinkel gaan. Hij is een keiharde onderhandelaar, die kleinzoon van me. En ik ben de fantasieloze oma die alleen maar kan bedenken dat voor wat, wat hoort. En zoveel hoeft ie niet te doen. Alleen maar blijven zitten tot het boekje uit is. Een plas? Laat staan een poep? Welnee. Zitten. Dat is alles.

Hij kiest even later een auto van 4 euro. Dat valt

euze mee. Als ik daarmee zijn weerzin tegen die pot heb doorbroken, dan heb ik dat er wel voor over. Sterker nog, het lijkt me zelfs een beetje pedagogisch verantwoord.

Een week later al belt dochter: 'Seth heeft op het potje geplast!' Wij juichen alsof ie zo-even op Mars is geland.

Vijf minuten later: 'Seth heeft alweer op het potje geplast!' Alweer formidabel.

Een kwartier later: 'Hij heeft alweer geplast. Zou hij iets mankeren?'

Hij is lek. Wat nu?

Een half uur later: 'Hij heeft nu gepoept. Dus we gaan gebak halen en komen naar je toe.'

We eten allemaal tompoezen ter gelegenheid van de potprestatie van Seth. Midden in de kamer staat de pot. Voor het geval dat...

En we zwaaien ze hartelijk uit, want ze moeten nog even naar de speelgoedwinkel. Zijn mama heeft dezelfde belofte gedaan als ik. En er komt weer een auto van vier euro. Dezelfde auto. Die vorige was namelijk al stuk. Waarmee bewezen is dat zindelijkheid van een peuter ongeveer acht euro kost en dat speelgoed van tegenwoordig snel kapot is.

Maar het scheelt kapitalen aan luiers.

'Elk nadeel hep z'n voordeel,' sprak voetbalfilosoof Cruijff. O, grote meester, het gaat op. Het gaat zelfs zo op, dat het ook omgekeerd telt. Elk voordeel kent zeker ook zijn nadeel. Ik loop met Seth in de supermarkt en heb net de helft van mijn boodschappenlijst afgewerkt, als hij roept: 'Oma! Ik moet poepen!'

'Denk jij dat onze kinderen hun kinderen net zo goed kunnen opvoeden als wij dat kunnen? En ooit deden?'

Mijn buurvrouw kijkt me aan. Ze verwerkt de wonderlijke taalconstructie. Die ze nog verergert door voor de zekerheid te herhalen: 'Dat zij hun kinderen, onze kleinkinderen dus, net zo goed als wij ooit onze kinderen, dat zijn zij dus, kunnen opvoeden...?'

Ik knik. Dat bedoel ik. Ze aarzelt geen moment.

'Nee.'

Zwijgend drinken we onze koffie op.

We weten het beter.

Maar we houden wijselijk ons mond.

Nog een half jaartje oppassen. Dan gaat Seth naar school. Op mijn oma-oppas-dinsdag haal ik hem dan op. Kunnen we hem lekker verwennen met wentelteefjes en ijs toe. Na al dat heerlijks maken we een lange wandeling met Bente. Dan leer ik hem de aalscholver en de grutto en de boerenzwaluw. In vakanties gaan we naar *Nemo* en naar het Berenbos. En nog veel meer dingen die ik kan bedenken om met zo'n klein mannetje te doen. Allemaal om één ding: dat stralende koppie als hij het prachtig vindt. En stiekem hoop ik natuurlijk dat hij, als hij achttien is, nog steeds langs komt. Voor een colaatje of voor pannenkoeken. Daar kan ik me nu al een beetje op verheugen.

Zegt mijn dochter: 'Mam, als Seth nu een broertje of een zusje zou krijgen, zou je dan ook...' Ze maakt haar zin niet af. Ze kijkt me aan.

Ik sprak laatst een oma en een opa, die enthousiast vertelden over hun zestien kleinkinderen. Zestien. Dat is vast leuk. Maar allemaal tegelijk? Ik weet het niet.

'Nou, als het zover is, dan hebben we het er nog wel over,' antwoord ik laf.

'Dan vraag ik het nog wel een keer als je het in je armen hebt,' zegt mijn dochter.